평 신 도 양 육 교 재

예수를 따르는 삶
Life Following Jesus

인도자용

KB206006

구원 받은 삶

평신도 양육교재

예수를 따르는 삶

구원 받은 삶

발행일 : 초판 1쇄 인쇄 2008년 3월 21일
초판 2쇄 인쇄 2011년 11월 10일
개정판 1쇄 인쇄 2014년 3월 14일
개정판 2쇄 인쇄 2019년 9월 4일
발행인 : 김진호
편집인 : 송우진
책임편집 : 전영욱
기획/편집 : 강영아, 장주한
디자인/일러스트 : 권미경, 하수진
홍보/마케팅 : 고석재
행정지원 : 조미정, 신문섭

펴낸곳 : 도서출판 사랑마루
서울시 강남구 테헤란로64길 17(대치동)
대표전화 : TEL (02) 3459-1051~2/ FAX (02) 3459-1070
홈페이지 : http://www.eholynet.org, http://www.ibcm.kr
등록 : 2011년 1월 17일 등록번호/ 제2011-000013호
값은 뒷표지에 있습니다. 잘못된 책은 구입하신 곳에서 교환해 드립니다.
ISBN : 978-89-7591-307-5 04230

Contents

평신도 양육교재 **예수를 따르는 삶**

1단원(생명) 구원 받은 삶

- 교육과정개발 : 남은경
- 교재집필 : 조기주 정현숙
- 교재개정 : 박향숙

평신도 양육교재
예수를
따르는 삶
Life Following Jesus

발간사

평신도는 단지 예배 참석자가 아닙니다. 평신도는 목회의 동역자입니다. 평신도가 예수님의 제자로 세움을 입어서 주님의 명령(마 28:18-20)대로 가르쳐 지키게 하는 사명을 감당해야 합니다. 평신도들이 사역의 주체가 될 때, 아름다운 주님의 교회가 세워지고 하나님의 나라가 확장될 것입니다.

교단창립 100주년 교육사업의 일환으로 성결교회 평신도 제자화 교육과정을 개발하고 4종류의 교재를 만들었습니다. 그것은 '새신자교재→세례교재→양육교재→사역교재' 입니다. 교회에 처음 나온 새신자도 반드시 사역자로 양성하겠다는 의지가 담겨있는 시리즈 교재입니다. 이 교재에 담겨있는 핵심 키워드는 '구원→믿음→생활→사역' 입니다.

성결교회의 모든 신자들은 하나님의 은혜로 구원받아 온전한 믿음을 가지고 삶이 변화되어 주님의 사역자로 세움을 입어야 합니다. 교회에서는 새신자들이 새신자교육과 세례교육을 언제든지 받아서 온전한 신앙을 형성할 수 있도록 도와야 합니다. 그리고 양육과 사역교재를 통하여 평신도 사역자를 키워야 합니다. 만약 신앙연수가 오래되었지만 신앙이 성숙치 못한 신자가 있다면, 양육교재와 사역교재를 통하여 건강한 사역자로 세움을 입을 수 있을 것입니다.

성결교회의 새로운 100년을 맞이하면서 목회현장에 실제적으로 도움이 될 교재가 개발된 것은 참으로 기쁘고 감사한 일입니다. 앞으로 평신도들이 주님의 몸 된 교회의 주체가 되고, 역사의 책임 있는 존재가 될 수 있도록 돕는 교재들이 지속적으로 개발될 것입니다. 아름다운 주님의 비전을 꿈꾸며 새 역사의 주인공이 됩시다.

기독교대한성결교회 총무 김진호 목사

일러두기

성숙한 신앙인으로 양육하기

성숙한 신앙인은 세상 사람들의 눈으로 보기엔 불편하게 사는 사람일 것이다. '주님이 원하시는 삶은 어떤 것일까?' '주님은 이럴 때 어떤 결정을 내리실까?' '내가 진정한 주님의 제자라면 어떻게 행동해야 할까?' 라는 고민을 가지고 사물을 대하고 세상을 살아가기 때문이다. 하지만 궁극적으로는 세상에 대한 이러한 질문, 그리고 그 대답에 따라 불편하더라도 당당하게 살아나갈 때, 우리는 참다운 기쁨이 넘치는 삶을 살 수 있다는 것을 잘 알고 있다. 모든 성결교인들이 이러한 기쁨을 누리며 살기를 바란다. 이를 위하여 양육교재가 도움이 되기를 바라며, 몇 가지 사항을 일러두고자 한다.

첫째, 본 교재는 성인 양육을 위한 교재이다. 여기에서 성인은 법적으로, 사회적으로, 경제적으로 자립할 수 있는 사람이며, 생물학적으로 아이를 가질 수 있는 육체적으로 성숙한 사람이며, 심리학적으로 청년기를 지나고 삶의 특별한 과정을 경험한 사람이며, 교육적으로 그가 속한 사회와 문화가 마련한 어느 정도의 학교 교육을 성취한 사람이다. 또한 신앙인으로서 자신의 생애를 통하여 삶의 스타일(life style)을 형성해 가는 존재이며, 영적으로 성장 발달해 가는 존재이다.

둘째, 본 교재는 평신도를 위한 교재이다. 대부분의 내용은 일상생활에서 겪을 만한 상황이나 생각해 보아야 할 만한 주제와 내용을 담고 있다. 여기서 평신도의 의미는 단순히 교회의 구성원 중에서 평범한 사람을 의미하는 것이 아니라 교회의 대부분을 차지하는 구성원으로서 주님의 자녀이며, 제자이고, 교회를 교회되게 이끌어 가야하는 각 지체를 의미한다. 따라서 이 양육의 과정을 통하여 평신도는 더욱 성장하여 목회의 동역자로서 하나님께서 허락하신 사역의 한 부분을 감당할 수 있도록 성숙하여야 한다. 이 교재를 잘 마친다면 교회에서는 집사나 구역장 등의 역할을 맡겨도 될 정도의 훈련이 이루어질 것이다.

셋째, 본 교재 교육과정의 내용 범위는 교단의 사중복음을 서울신학대학교 성결교회신학연구회가 이 시대의 언어로 표현한 '생명', '사랑', '회복', '공의'의 신학적 설명으로 한다. 그래서 이제까지 성결교회의 교육이 개인의 영혼 구원과 개인적 삶에 있어서의 성결에 집중하였다면, 이제는 사회의 보편 가치들에 대한 복음적 시각을 갖는 데까지 교육의 목표와 장(場)을 확대하고자 한다. 그래서 생활의 모든 영역에서 구체적인 문제와 사회적, 문화적, 윤리적, 정치적, 생태적 차원까지 다루고 있다.

넷째, 이 교재는 단순히 읽기용 책이나 답을 달기 위한 성경공부 교재가 아니라 모임의 참가자들이 함께 각 주제에 따라 고민하고, 결단하고, 실천하는 워크숍 교재에 가깝다. 따라서 참가자의 답 달기와 인도자의 답 해설에 의존하는 다소 구태의연한 성경공부 교재가 아니라 함께 목적을 위하여 삶을 연습해 가는 안내서이다. 이 교재를 바탕으로 서로 격려하고, 섬김을 베풀고, 감사를 표현하는 과정을 통해 더욱 풍성한 하나님의 은혜를 누리게 될 것이다.

이러한 본 교재를 가지고 모임을 인도하게 될 인도자는 비록 목회자이거나 지도자라고 할지라도 무엇인가 지식을 가르치려고만 노력하는 것은 바람직하지 않다. 물론 이 과정을 잘 인도하기 위해서 본 교재의 각 과가 이루고자 하는 목표와 그에 따르는 내용들에 대해서는 철저하고 꼼꼼하게 준비해야겠지만 자신이 깨달은 바를 참가자들도 스스로 깨달을 수 있도록 인도해야 한다. 뿐만 아니라 인도자와 학습자간의 나눔을 통해서 서로의 은혜가 더욱 풍성해 질 수 있도록 배려해야 한다.

이 교재를 통해 자신의 영적인 성숙을 기대하는 학습자들은 단순히 성경의 지식을 더 얻겠다는 정도의 생각으로 임하거나, 성경에서 답을 찾아 빈칸을 채우는 다소 수동적인 자세만을 보이는 것은 바람직하지 않다. 자신의 경험과 생각을 함께 나누고 인도자의 답을 기다리기 전에 먼저 고민하고 성경의 의미를 깨닫기 위해 노력해야 한다. 그리고 결국에는 이러한 모든 것들이 나의 일상생활에서도 실천될 수 있도록 노력하겠다는 다짐 속에서 생활에 임해야 한다.

본 양육교재는 모두 8권, 각 권당 5과 씩, 총 40개의 주제를 다룰 것이다. 적지 않은 양이기는 하지만, 신앙인들이 교회에서나 사회에서 부딪히게 될 모든 주제들이 다 다루어 진 것은 아니다. 하지만 이 40개의 주제를 다루며 배우고, 생각하고, 느끼고, 결단하고, 실천하는 과정을 통해서 한 단계 더 성숙된 신앙인으로 나아갈 수 있는데 도움이 되리라 생각한다.

본 교재를 바탕으로 한 평신도의 양육이 성공적으로 이루어져서 모든 성도들이 교회뿐만 아니라 가정과 사회에서 주체적 존재가 되며, 성결교회의 교인으로서, 또한 그리스도의 제자로서 확고한 정체성을 갖으며, 마침내 이 땅 위에서 하나님의 뜻대로 살아가고 하나님의 나라를 이루어 내는 하나님의 사람으로 거듭나게 되기를 바란다.

1단원(생명)

구원 받은 삶

단원 설명

1단원은 '중생'을 주제로 다루었다. '중생'이란 '우리의 행한 바 의로운 행위로 말미암아 아니하고 오직 그의 긍휼하심을 좇아(딛 3:5)' 가능한 은혜요 선물이다. '허물과 죄로 죽었던 우리가(엡 2:1)' '주 예수를 믿음으로(행 16:31)' 다시 살아나 생명을 얻게 되는 것이다. 즉 중생은 예수 그리스도를 통해 새로운 생명을 얻게 되는 것을 말한다. 그런 의미에서 '중생'은 '생명'으로 재해석된다.

"중생의 요지는 하나님의 영에 의해 죄를 회개하고, 믿음으로 그리스도를 구주로 영접한 신자만이 하나님 나라에 들어갈 수 있다는 것입니다. 죄로 죽었던 인간의 영이 그리스도로 말미암아 되살아났고(중생), 구원 받은 신자는 그 생명의 마음으로 죽음의 세력에 저항하면서 생명적인 것을 다시 살리는(중생) 생명의 사도직을 소명으로 여기는 것입니다." 김대식, 『사중복음총서—중생. 생명의 빛으로 나아가라』중에서.

중생하여 새로운 생명을 얻은 기독교인은 자신의 생명은 물론 다른 생명을 살리는 소명을 가지고 살게 된다. 1단원은 새로운 생명을 얻은 한 개인의 온전한 믿음의 삶에 초점을 두었고, 5단원은 생명을 얻은 기독교인의 사회적인 차원의 삶에 초점을 두었다. 1단원의 제목은 (생명) '구원 받은 삶'이다. 본

단원을 통해 학습자들은 자신이 새 생명이신 예수 그리스도를 통해 구원 받은 기독교인의 삶을 살고 있는지 확인하게 될 것이다.

각 과의 내용들은 구원 받은 자의 삶이 어떠해야 하는지를 다루었다. 1과는 '나의 주 예수 그리스도'이다. 구원 받은 기독교인은 예수님이 하나님의 아들이며 나를 구원할 그리스도이심을 고백하는 자이다. 또한 예수 그리스도를 매일의 삶의 주인으로 고백하는 자이다. 2과는 '그리스도를 기억하라'이다. 구원 받은 기독교인은 성경에 기록된 하나님의 말씀을 삶의 기준으로 삼고 사는 자이다. 특히 성경이 증거하고 있는 예수 그리스도의 죽으심과 부활, 그리고 그를 통한 하나님의 사랑을 늘 기억하며 사는 자이다. 3과는 '나는 죄인이로소이다'이다. 기독교인이 얻은 새 생명은 '자기 의'로 얻은 것이 아니기 때문에 기독교인은 겸손히 하나님의 긍휼하심을 의지하며 하나님께로 나아가는 자이다. 4과는 '십자가에 못 박아야 할 것들'이다. 기독교인은 예수님과 함께 십자가에서 죽고 다시 새로운 생명을 얻은 자이다. 즉 자신의 옛사람의 모습과 태도를 버리고 새로운 생명에 합당한 삶을 사는 사람이다. 죄가 만연한 세상 속에서 옛 습성과 가치관을 버리는 것은 인간의 의지만으로는 어려운 것이다. 따라서 새롭게 하시는 성령의 능력과 은혜를 구해야 한다. 5과는 '변화된 삶'이다. 새로운 생명을 얻은 자로서 자신의 삶이 어떻게 변화되었는지 고백하는 시간을 갖도록 한다. 기독교인이 된 이후에도 날마다 새롭게 변화되는 자신의 삶을 소망하며 단원을 마무리한다.

나의 주 예수 그리스도

교육주제 예수님은 그리스도이시며, 나의 삶의 주인이시다.

배울말씀 요한복음 4장 7-26절

도울말씀 요1:43-51, 창 28:10-15, 눅 19:1-10

새길말씀 시몬 베드로가 대답하여 이르되 주는 그리스도시요 살아 계신 하나님의
아들이시니이다 (마 16:16)

이룰 목표

① 내가 예수님에 대해 알고 있던 것을 확인한다.

② 예수님이 하나님이시며 메시아라는 것을 안다.

③ 예수님이 나의 삶과 어떤 관련이 있는지 고백한다.

교육흐름표

40 min	20 min	20 min	20 min	20 min
O.T.	관심	기억	반성	응답

교육진행표

구분	오리엔테이션	관심갖기	기억하기	반성하기	응답하기
제목		알고 있나요?	사마리아 여인이 만난 예수님	예수님 바로 알기	나의 주, 예수 그리스도
내용	단원 설명, 자기 소개	'안다'는 것의 의미 확인	사마리아 여인이 예수님을 알아가는 과정	예수님은 하나님과 동등한 분이시다	예수님에 대한 나의 신앙고백
방법	강의, 발표	OX 체크하고 토의하기	성경 찾아 답하기	성경 찾아 답하기	교재에 쓰고 기도하기
준비물	출석부	사마리아, 그리심산, 수가성 사진 사마리아 지도			
시간	40분	20분	20분	20분	20분

말씀 이해

기독교인이 된다는 것은 예수님을 하나님의 아들이요 나를 구원하실 주님으로 알고 믿는다는 것이다. 따라서 예수님을 단순히 좋은 사람, 훌륭한 분, 위대한 스승으로만 알고 있다면 예수님을 바로 알지 못하고 있는 것이다. 사마리아 여인은 예수님과의 대화의 과정을 통해 예수님을 새롭게 알아가게 된다. 처음 예수님을 만났을 때에는 유대인 남자로서 경계심을 갖고 대하다가 예수님과의 대화를 통해 '우물을 만든 우리의 조상 야곱보다 큰 자인가?' 라는 의구심을 갖게 된다. 그리고 아무에게도 말하지 않았던 자신의 비밀을 알고 계시는 예수님의 모습을 통해 '모든 것을 알아맞히는 예언자인가?' 라고 질문하는 과정을 거쳐 비로소 그녀는 예수님이 그리스도요, 메시아임을 깨닫게 된다.

1. 하나님이신 예수님

예수님은 하나님과 동등한 분이시나 스스로 십자가를 지고 종이 되신 분이시다(빌 2:6). 또한 예수님은 하나님께서 천지를 창조하실 때에 함께하신 분(요 1:3)이셨고, 바다와 바람을 포함한 피조물에게 명령하시고 그것들을 주관하시는 능력이 있으셨다. 그리고 예수님은 누구의 증언이 없이도 모든 사람의 마음을 아시는 분이셨다(요 2:24-25). 그리고 사람의 몸을 입고 오셨으나 죄가 없으신 거룩한 분이셨다(히 7:26). 성경은 예수님이 곧 하나님이심을 증거하고 있다.

2. 예수님 바로 알기

한편 사람들은 자신의 이성 안에서 논리적으로 이해할 수 있는 한계 안에서 예수님을 이해하려고 한다. 베들레헴에서 태어난, 목수 요셉과 마리아 사이에서 태어난 아들로, 갈릴리에서 자라 그곳에서 살다가 33살에 십자가에서 죽은 한 청년. 예수님에 대한 이러한 정보를 지식적으로 아는 것을 넘어서 예수님이 우리를 구원할 유일한 길이고 진리이고 생명이라는 것을 전인적으로 알게 되는 것은 성령의 조명하심과 은혜를 통해 가능하다.

3. 사마리아 여인과 예수님

사마리아 여인은 예수님과 대화하면서 예수님을 새롭게 알아간다. 예수님을 새롭게 알아가면서 사마리아 여인이 예수님을 지칭하는 단어가 바뀌는 것을 볼 수 있다. 처음 대화에서 사마리아 여인은 예수님을 유대인 남자라고 칭한다. "유대인으로서 어찌하여 사마리아 여인인 나에게"라고 말하며 예수님을 경계한다. 다음 대화 속에서 사마리아 여인은 예수님에게 "야곱보다 더 크니이까?"라고 질문하며 '우물을 만든 조상 야곱보다 더 위대한 사람인가?' 라는 의구심을 갖는다. 계속되는 대화 속에서 예수님이 자신의 비밀을 감추고 남편이 없다고 말하는 사마리아 여인에게 남편이 다섯이 있었고 지금도 다른 남편이 있다는 것을 드러내시자, 그녀는 자신의 비밀을 알고 계시는 예수님을 "선지자"라고 칭한다. 대화가 깊어졌을 때에야 비로소 예수님은 사마리아 여인에게 자신이 메시아, 곧 그리스도라고 말씀하신다.

우물가에서 물을 떠달라던 유대인 남자가 하나님의 아들 그리스도 예수라는 것을 깨닫고 난 후, 사마리아 여인은 동네 사람들에게 예수님을 전하는 전도자가 된다. 사마리아 여인이 예수님을 새롭게 알게 되는 사건을 통해 사마리아인들 역시 예수님이 "참으로 세상의 구주"라는 것을 새롭게 알게 되어(요 4:39-42) 새 생명을 얻게 되는 사건이 일어나게 된다.

> **용어, 지명 해설**
>
> · 사마리아(사진 자료) : 예루살렘 북쪽 약 67km 지점에 위치한 사마리아는 B.C. 30년에 헤롯에 의해 로마 황제에게 경의를 표하는 의미에서 세바스티아로 개칭되기도 했다. 사마리아는 여호수아가 가나안을 정복하여 12지파에게 분배할 때 에브라임, 단, 므낫세 반지파에게 준 지경과 일치하며, 솔로몬 왕 이후 이스라엘이 남 유다와 북 이스라엘로 나뉘어졌을 때의 북 이스라엘 지경과 일치하는 지역이다. 앗수르왕 살만에셀이 점령

했을 때에는 앗수르인과 이방인들이(왕하 17:3-6,24), 그 후 마게도냐의 알렉산더 대왕이 점령했을 때에는 마게도냐인들이 사마리아에 이주해 옴으로써, 사마리아의 유대인들이 이방인들과 혼혈하여 유대인의 혈통을 지키지 못하게 된 이후로 정통 유대인들로부터 멸시를 받게 되었다. 그리고 바벨론 포로들이 귀환하여 예루살렘 성전을 건축할 때, 사마리아인들이 참여하기를 원했는데 거절 당한다. 그러자 사마리아가 바사국 인사들에게 뇌물을 주어 예루살렘 성전 건축을 방해하고 자체적으로 그리심산(사진 자료)에 성전을 따로 건축하여 예루살렘 성전을 반대했다(스 4:1-6). 이러한 이유로 유대인과 사마리아인 간에 서로 안 좋은 감정이 커져갔다. 그 결과 유대인은 사마리아 지역에 들어가지 않고 사마리아인들과는 상종도 하지 않음으로 갈릴리에 갈 때 사마리아를 통과하지 않고 멀리 요단강으로 돌아서 갔다.

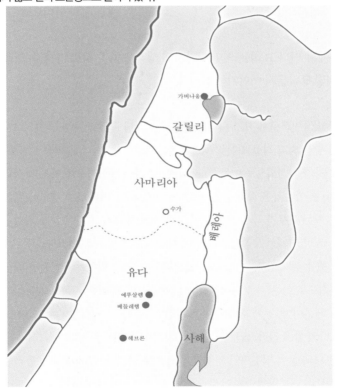

· 수가성(사진 자료) : 사마리아의 한 동네로서 야곱의 우물이 있고(요 4:5-6), 야곱과 조상의 분묘도 있다. 어떤 학자들은 수가와 세겜을 동일한 곳으로 보기도 한다.

관심갖기

알고 있나요?

다음의 질문을 읽고 해당하는 곳에 체크해 보세요.

① 우리나라의 대통령이 누구인지 알고 있나요?　　예 (　　) 아니요 (　　)
② 옆집에 사는 이웃을 알고 있나요?　　　　　　예 (　　) 아니요 (　　)
③ 자신의 엄마(혹은 가족)를 알고 있나요?　　　예 (　　) 아니요 (　　)
④ 예수님을 알고 있나요?　　　　　　　　　　예 (　　) 아니요 (　　)

1. 위 질문에서 '안다'고 하는 의미가 각자의 생각에 따라 서로 다를 수 있을 것입니다. 어떻게 다른지 이야기해 봅시다.

한 나라의 국민으로서 자기 나라의 대통령을 안다고 말할 때와 가족으로서 날마다 같이 밥을 먹고 잠을 자는 가족을 안다고 말할 때, '안다'는 말은 그 의미가 다르다. 전자가 지식적으로 아는 'know'라면, 후자는 체험적으로 아는 것 'see'이다. 특히 'see'는 아담과 하와의 동침을 뜻하는 히브리어 '야다'를 설명하는 단어로 쓰이는데, 이는 부부가 동침을 하고 난 후에 서로에 대해서 깊이 알게 되었음을 의미한다. 그런 면에서 우리는 '하나님에 대하여' 잘 알(know)면서도, '하나님을' 알(see)지 못할 수도 있다. 기독교를 체험적인 종교라고 말하는 이유는 하나님을 단지 지식적으로 아는 것을 넘어서서 체험적으로 알 때 바른 기독교 신앙이라고 할 수 있기 때문이다. '~에 대하여 아는 것'을 지식적으로 자랑할 수는 있다. 그러나 그것이 나의 삶에 직접적인 영향력을 끼치지 못하는 경우가 많다. 그러나 '~을 아는 것'은 나의 삶에 직접적인 영향력을 끼칠 뿐 아니라, 나의 삶에 역동적인 힘이 된다. 아무리 대통령에 대하여 잘 안다고 해도 그것이 나의 삶에 직접적인 도움을 주지는 못한다. 그러나 내가 아는 아버지는 내 삶, 위기의 순간에 후원자가 되고, 어려울 때 큰 힘이 된다.

2. 나는 지식적으로 '예수님에 대하여' 알고 있는 편입니까? 아니면 체험적으로 '예수님을' 알고 있는 편입니까?

각자의 생각을 나누어 본다.

예수님을 지식적으로 아는 것은 많은 연구를 하거나, 설교를 듣거나, 성경공부를 함으로써 그 깊이를 더해 갈 수 있다. 그러나 성경에 나타난 기적과 기사와 능력들이 나에게 직접 일어날 수 있고, 일어나는 일로 여기며, 그런 방식으로 예수님을 알 때 비로소 우리의 생각이 바뀌고, 가치관이 바뀌고, 삶이 바뀌게 된다. 비로소 참다운 신앙의 세계 속으로 들어가게 된다. 그 전에는 성경을 아무리 많이 알아도 참다운 신앙의 세계 속으로 들어갈 수 없다.

평신도 양육교재
기억하기
사마리아 여인이 만난 예수님

사마리아 여인은 예수님과 대화하면서 예수님을 새롭게 알아가는 과정을 겪게 됩니다. 아래의 성경 본문을 찾아서 써보고 사마리아 여인이 예수님을 누구라고 말하고 있는지 대답해 봅시다.

1. 요한복음 4장 9절

사마리아 여자가 이르되 당신은 유대인으로서 어찌하여 사마리아 여인인 나에게 물을 달라 하나이까 하니 이는 유대인이 사마리아인과 상종하지 아니함이러라 사마리아 여인은 예수님을 유대인 남자라고만 생각하였다. '유대인 남자가 왜 나에게 말을 거는 거지?'라고 생각하며 경계하였다. 당시 통념이었던 유대인과 사마리아인 사이의 적대감만을 가지고 예수님을 대한 것이다.

2. 요한복음 4장 19절

여자가 이르되 주여 내가 보니 선지자로소이다

사마리아 여인은 "가서 네 남편을 불러오라."는 예수님의 말씀에 "남편이 없나이다."라고 거짓말을 한다. 모든 것을 아시는 예수님은 사마리아 여인을 꾸짖지 않고 오히려 옳은 대답을 했다고 하며 그 여인의 상황을 정확히 설명하신다. 그러자 그녀는 감추고 싶었던 자신의 비밀을 이미 다 알고 계시는 예수님을 "선지자"라고 칭한다.

3. 요한복음 4장 25-26절

여자가 이르되 메시야 곧 그리스도라 하는 이가 오실 줄을 내가 아노니 그가 오시면 모든 것을 우리에게 알려 주시리이다 예수께서 이르시되 네게 말하는 내가 그라 하시니라

평신도 양육교재
반성하기   예수님 바로 알기

1. 아래의 성경 본문을 찾아서 써보고, 성경에서 예수님을 어떤 분이라고 말하고 있는지 이야기해 봅시다.

빌 2:6 그는 근본 하나님의 본체시나 하나님과 동등됨을 취할 것으로 여기지 아니하시고

요 1:3 만물이 그로 말미암아 지은 바 되었으니 지은 것이 하나도 그가 없이는 된 것이 없느니라

요 2:24-25 예수는 그의 몸을 그들에게 의탁하지 아니하셨으니 이는 친히 모든 사람을 아심이요 또 사람에 대하여 누구의 증언도 받으실 필요가 없었으니 이는 그가 친히 사람의 속에 있는 것을 아셨음이라

히 7:26 이러한 대제사장은 우리에게 합당하니 거룩하고 악이 없고 더러움이 없고 죄인에게서 떠나 계시고 하늘보다 높이 되신 이라

빌립보서 2장 6절은 예수님이 하나님과 동일한 분이라고 말씀하고 있고, 요한복음 1장 3절은 예수님이 태초에 하나님과 함께 천지를 창조하신 분이라고 말씀하고 있다. 요한복음 2장 24-25절은 예수님은 모든 것을 아시는 분이라고 말씀하고 있고, 히브리서 7장 26절은 예수님은 인간의 몸을 입고 이 땅에 왔으나 죄가 없으신 거룩한 분이라고 말씀하고 있다. 위의 성경 본문들은 모두 예수님이 하나님과 동일한 분임을 증거하고 있다.

평신도 양육교재 응답하기

나의 주, 예수 그리스도

1. 내가 알고 있는 예수님은 어떤 분인지 이야기해보세요. 그리고 설교 혹은 성경 공부를 통해서 예수님에 대해 듣기는 했지만 믿어지지 않는 부분이 있다면 무엇인지 솔직하게 나눠 봅시다.

김영길 박사(한동대 전 총장)는 예수님을 믿기 전, '어떻게 물이 변하여 포도주가 될 수 있는가? 물이 포도주가 되는 화학적 변화는 절대로 일어날 수가 없다.'는 과학자의 선입견 때문에 예수님을 믿을 수 없었다고 한다. 어떤 이는 '예수님이 부활

했을 때 문이 닫혀 있었는데, 벽이라도 뚫고서 제자들 앞에 나타나셨다는 말인가? 육체가 공간에 영향을 받지 않는 일이 가능한가?' 하며 성경의 말씀을 받아들이지 않으려고 한다. 또 어떤 이는 '예수님은 3대 성인 중 한 사람에 불과하다.', '처녀가 잉태하여 아들을 낳는 일은 절대로 있을 수 없다.', '기독교도 다른 종교처럼 인격 수양을 위한 종교일 뿐이다.' 등의 고정관념이나 선입견을 가지고 있기도 하다.

2. 예수님이 나의 삶과 어떤 관련이 있는 분인지 써 봅시다.

예수님에 대해 지식적으로 많이 알고 있다고 기독교인이 되는 것은 아니다. 지금은 기독교인이 아닌 사람들도, 심지어 기독교를 비판하는 사람들도 수많은 방송 매체와 인터넷 매체를 통해 예수님에 대해 많이 알고 있는 시대이다. 그런데 그들이 알고 있는 정보의 양이 그들을 구원시키지 못한다. 교회를 다니고 있는 사람들 역시 그렇다. 예배에 참석하고, 기도를 하는 등의 종교적 행위와 봉사의 양이 그들을 구원시키는 것이 아니다. 기독교인이 된다는 것은 예수님이 하나님께서 나를 구원하기 위해 보내신 하나님의 아들이며 곧 하나님이라는 것, 그리고 그의 죽으심으로 내 죄가 용서함을 받아 하나님의 자녀가 된다는 것을 믿는 것이다. 즉 오직 예수님을 통해 내가 하나님의 자녀로 새로운 생명을 얻게 되었다는 것을 믿는 믿음이 있어야 한다.

따라서 1과의 마지막 질문인 이 질문은 다른 사람에게 보이거나 체면을 차리기 위해 수려하고 긴 문장을 쓰지 않도록 유의하여야 한다. 오히려 단 몇 마디라도 진심으로 솔직하게 써보도록 하고, 서로 공개하지 않도록 한다. 단, 이와 관련하여 궁금한 점이 있거나 상담받고 싶은 학습자가 있을 경우, 인도자에게 개인적으로 연락하도록 안내한다. 본 교육과정은 구원 받은 기독교인을 전제로 하기 때문에 구원 받았는지의 여부를 확인하는 데에 초점을 맞추기보다는 구원 받은 자로서 자신의 신앙을 다시 한 번 고백하는 것에 초점을 둔다. 그럼에도 불구하고 혹 구원에 대한 확신이 없는 학습자가 있다면 1단원이 진행되는 기간 동안 개인적으로 구원 영접을 할 수 있도록 지도하기를 제안한다.

새길말씀 외우기

시몬 베드로가 대답하여 이르되 주는 그리스도시요 살아 계신 하나님의 아들이시니이다 (마 16:16)

결단의 기도

나를 구원하기 위해 예수님을 보내주신 하나님, 예수님이 나의 주요 그리스도라는 것을 믿게 하심을 감사합니다. 예수님을 통해 새로운 생명을 얻었으니 예수님을 내 삶의 주인으로 모시고 살아가게 하소서. 아멘.

평신도 양육교재
평가하기

평가항목	세부사항	그렇다	그저 그렇다	아니다
인도자의 준비도	인도자는 본 과의 교육목적을 이룰 수 있도록 충분하게 준비했습니까?			
교육목표의 성취도	학습자들이 예수님에 대해 알고 있던 것을 확인하고, 예수님이 하나님의 아들이시며 나의 삶의 주인이라고 고백하였습니까?			
학습자의 참여도	학습자들이 진지하고 적극적인 태도로 성경공부에 임했습니까?			
성경공부의 분위기	성경공부를 하는 동안 학습자가 편안한 분위기를 느낄 수 있었습니까?			
기타 보완할 점	기타 보완할 점이나 건의사항이 있습니까?			

2
평신도 양육교재

그리스도를 기억하라

교육주제 성경은 하나님의 약속이신 진리의 말씀이다.

배울말씀 누가복음 24장 36-49절

도울말씀 요 20:19-29, 히 11:1-40

새길말씀 그러므로 믿음은 들음에서 나며 들음은 그리스도의 말씀으로 말미암았느니라
(롬 10:17)

이룰 목표

① 제자들이 그리스도의 말씀을 믿고 기억하지 못함으로 의심하고 두려워했음을 깨닫는다.

② 그리스도를 전하는 하나님의 말씀을 믿을 수 있는 은혜를 구한다.

③ 성경을 묵상함으로 매일 그리스도를 기억하는 훈련을 실천한다.

교육흐름표

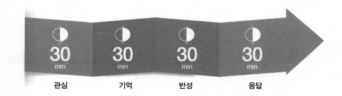

30 min	30 min	30 min	30 min
관심	기억	반성	응답

교육진행표

구분	관심갖기	기억하기	반성하기	응답하기
제목	'성경의 해'를 선포한 시장	제자들의 두려움과 의심	신실하신 하나님	본회퍼(1906~1945)의 묵상
내용	나의 삶 속에서 성경이 차지하는 비중을 확인한다.	예수님의 말씀을 잊어버리고 부활하신 예수님을 믿지 못하는 제자들	성경은 신실하신 하나님이 하신 약속의 말씀이다.	하나님의 말씀을 매일 묵상하여 그리스도를 기억하자.
방법	신문 기사 읽고 자신의 삶 이야기하기	성경 찾아 답하기	자기 경험 나누기	본회퍼의 글 읽고 말씀 묵상 실천방안 찾기
준비물	엠마오 사진	다락방, 예수의 무덤교회, 골고다 언덕 사진 성경책		본회퍼 사진
시간	30분	30분	30분	30분

믿음은 그리스도의 말씀을 들음에서 나며

중생하여 기독교인이 된다는 것은 성경을 살아계신 하나님의 말씀으로 믿고, 그 성경에 기록된 예수 그리스도에 관한 복음을 믿는 것이다. "믿음은 들음에서 나며 들음은 그리스도의 말씀으로 말미암았느니라(롬 10:17)." 한편 예수님께서 수차례 십자가와 부활의 복음을 말씀하셨으나, 제자들이 십자가와 부활의 사건을 믿음으로 받아들이지 못했던 것은 그들이 예수님의 말씀을 듣지 않았다는 것을 반증하는 것이다. 예수님은 부활하신 후 제자들에게 자신의 몸을 직접 보이심으로 십자가와 부활이 이미 성경에 기록된 하나님의 말씀이었음을 알려주셨다. 또한 예수님은 자신이 제자들과 함께 있는 기간 동안에 이미 수차례 말씀하셨음을 기억나게 하셨다.

두려워하고 의심하는 제자들

예수님의 제자들은 예수님의 십자가와 부활의 말씀을 여러 차례 들었음에도 불구하고 온전히 깨닫지 못하였다. 누가복음 24장은 예수께서 부활하신 소식이 여러 번의 특별한 사건을 통하여 직·간접적으로 제자들에게 통보된 일을 기록하고 있다. 누가복음 24장 1절부터 12절을 보면, 가장 먼저 막달라 마리아와 요안나와 야고보의 모친 마리아가 부활의 소식을 전하였다. 안식 후 첫날, 그들은 무덤을 찾아갔다가 빈 무덤을 보았다. 그리고 놀라움 가운데 두 천사에게 예수님이 부활하셨다는 소식을 듣고 예수님의 약속의 말씀을 '기억하여' 제자들에게 이 소식을 전하였다. 그러나 사도들은 여인들의 말을 허탄한 것으로 여겨 믿지 않았다. 이때 베드로가 빈 무덤에 달려가 세마포만 있음을 확인했다.

누가복음 24장 13절부터 35절에서, 엠마오(사진 자료)로 내려가던 두 제자가 부활하신 예수님과 함께 가다가 그가 예수님임을 깨닫고 예루살렘으로 돌아와 그 사실을 제자들에게 말하였다. 이렇게 부활의 증거들이 이러저러한 통로를 통하여 전하여졌음에도 불구하고, 제자들은 그 정황을 파악하려 하기는 커녕 문을 걸어 잠근 채로 숨어있었다. 아직도 예수님께서 살아계실 때에 예고하셨던 십자가에서의 죽음과 부활, 그리고 먼저 갈릴리로 가서 제자들을 만날 것이라는 약속을 기억해내지 못하고 있었던 것이다. 두려워 문을 잠그고 숨어있던 열한 제자에게 부활하신 예수님이 직접 나타나셨으나, 그들은 놀라고 무서워하였다. 예수님은 그들의 믿음의 상태를 '두려워하고 의심한다(눅 24:38)'고 진단하셨다.

기록된 말씀이 이루어지리라

부활하신 예수님이 엠마오로 가던 두 제자에게 나타나 직접 부활하신 몸을 보이신 것과 함께 '모세와 모든 선지자의 글로 시작하여 모든 성경에 쓴 바 자기(그리스도)에 관한 것을 자세히 설명(눅 24:27)'하셨다. 다시 열한 제자들에게 부활하신 몸을 보이시고 만지게 하시고 계속 의심하는 자들에게 '내가 너희와 함께 있을 때에 너희에게 말한 바 곧 모세의 율법과 선지자의 글과 시편에 나(그리스도)를 가리켜 기록된 모든 것이 이루어져야 하리라 한 말이 이것이라(눅 24:44)'고 말씀하셨다. 그리고 '그들의 마음을 열어 성경을 깨닫게 하시고(눅 24:45)' '이같이 그리스도가 고난을 받고 제 삼 일에 죽은 자 가운데서 살아날 것(눅 24:46)'이 기록되었음을 기억나게 하셨다.

성경을 믿고 따르는 자들

예수님은 두려움과 의심 때문에 주님의 부활을 믿지 못하는 제자들에게 성경에 기록된 말씀이 이루어진 것을 자세히 설명하시면서 성경을 상기시켜 주시고, 성령 받기를 위해 기도하라고 부탁하셨다. 이후 성령을 받고 온전한 믿음을 갖게 되었을 때 제자들은 목숨까지 내걸고 복음을 전하는 참된 증인이 되었다. 기독교인의 신앙의 내용은 성경에 기초한다. 즉 기독교인은 성경에 기록된 하나님의 말씀을 자신의 삶의 기준으로 삼고 사는 자들이다. 성경에 기록된 말씀을 살아계신 하나님께서 우리에게 약속하신 진리의 말씀으로 믿고 따르는 자들이다. 성경이 살아계신 하나님의 말씀으로 깨달아지는 것은 전적으로 성령의 은혜이다. "보혜사 곧 아버지께서 내 이름으로 보내실 성령 그가 너희에게 모든 것을 가르치고 내가 너희에게 말한 모든 것을 생각나게 하리라(요 14:26)."라고 하신 예수님의 말씀대로 성령의 조명하심을 통해 온전히 성경을 믿고 따르는 자가 될 수 있다.

용어, 지명 해설

· 평강(shalom) : '여호와 샬롬'을 뜻하며, 두 가지의 전제조건 곧 1) 반드시 있어야 할 필수조건들이 다 채워진 상태, 2) 첫째 조건의 것들이 반드시 있어야 할 곳에 위치해 있는 충만해진 상태를 의미한다. 이는 곧 창세기 1장 2절의 혼돈과 공허와 흑암이 해결되어 궁극적으로 "하나님 보시기에 심히 좋았더라."의 상태에 대한 표현이다.

평신도 양육교재
관심갖기
'성경의 해'를 선포한 시장

美 텍사스 도시, 2014년 '성경의 해' 선포
시장 주도로 전 시민 성경 읽기 운동 시작

시 의회에서 2014년을 '성경의 해'로 선포하고 있는 톰 헤이든 플라워마운드 시장.
ⓒthebible2014.com

미국 텍사스 주의 한 도시가 2014년을 '성경의 해(Year of the Bible)'로 선포했다.

달라스-포트워스 인근에 소재한 플라워마운드(Flower Mound)시(市)가 올해를 시민들이 성경과 더 가까워지는 한 해로 삼자는 취지에서 이 같은 결정을 내렸다고 크리스천포스트가 3일(현지시간) 보도했다.

플라워마운드 시는 시민들을 위해서 매일의 성경 묵상을 돕는 사이트(thebible2014.com)를 운영하고, 지역 목회자들이 이에 협력해 시민들이 성경을 더 알아갈 수 있도록 조언과 상담을 제공할 전망이다.

이번 '성경의 해' 선포를 주도한 톰 헤이든 시장은 지역 언론과의 인터뷰에서 "2년 동안 이 일을 계획해 왔지만 실행에 옮기기까지는 많이 긴장이 됐다."며 "미국을 세우는 데 기여한 선의와 도덕성은 성경을 바탕으로 한다. 우리의 문제는 이러한 성경적 가치들에서 멀어지고 있는 것이다. 나는 사람들이 다시 성경의 가치로 돌아갈 수 있도록 내가 할 수 있는 방식으로 그들을 격려하고자 한다."라고 전했다.

그는 '시민들이 매일 같은 성경 부분을 묵상하게 될 것이고 이렇게 해서 올해 말에는 성경을 모두 보게 될 것'이라며, '많은 시민들이 동참해주기를 바란다.'고 기대를 나타냈다. 그는 1983년 로널드 레이건 대통령이 국가 조찬 기도회 자리에서 '성경의 해'를 선포한 데서 영감을 받았다고 밝혔다.

〈국민일보 2014년 1월 8일자 신은정 기자〉

1. 위의 기사를 읽고 난 소감을 이야기해 봅시다. 나의 삶에서 성경이 차지하는 비중은 얼마나 됩니까?

시민들에게 다같이 성경을 읽자고 선포한 시장의 가치관과 태도에 대해 이야기해 보도록 한다. 그리고 각자의 삶에서 성경을 얼마나 중요한 책으로 여기고 있는지 이야기하도록 한다. 단순히 성경책을 몇 장씩 읽는 것을 넘어서 성경에 쓰인 하나님의 말씀의 기준대로 살고 있는지, 성경말씀이 자신의 삶에 어떤 영향을 미치고 있는지 생각해보도록 한다.

배울말씀, 누가복음 24장 36-43절을 읽고 질문에 답해 봅시다.

1. '이 말을 할 때에'라는 구절이 있습니다. 이때 제자들은 과연 무슨 이야기를 나누고 있었을까요? 이야기를 나누어 봅시다.(눅 24:36, 눅 24:1-35 참조)

제자들은 주님의 부활사건과 주님이 계속해서 그들에게 나타나신 일에 대하여 이야기를 나누고 있었다.

다락방(사진 자료)에 모인 제자들이 "주께서 살아나셨다."라고 말한 것은 그들이 경험한 사건을 토대로 자신들의 주님이신 예수님이 부활하셨음을 선언한 것이다. 그들은 예수님께서 예언하신 "삼일 만에 살아나리라(마 20:19, 막 10:34, 눅 18:33)."라는 말씀이 성취되었음을 선언하였다. 그들은 예수 그리스도의 부활 사실을 '과연'(34절)이라는 단어를 사용하며 강조하였다. 주님의 예언에 하나의 오차도 없음을 확인하게 된 것이다. 그런데 문제는 이 모든 일련의 부활확인 작업에도 불구하고 제자들의 신앙이 별다른 변화를 보이지 않았다는 것이다. 약속의 말씀이 그대로 성취되었는데, 그 약속을 받았던 제자들은 그 약속을 잊어버리고 말았다.

2. 예수께서 친히 제자들 가운데 서서 "너희에게 평강이 있을지어다."라고 하실 때에 제자들은 어떤 반응을 보였으며 그 이유는 무엇입니까? (눅 24:37)

놀라고 무서워하였다. 듣기만 했던 일이 막상 눈앞에서 일어나자 당황한 것이다. 그러나 그들은 그들 앞에 나타나신 예수님을 살아있는 육신이 아닌 다른 존재, 곧 영으로 여겼다.

예수님이 누구이신 줄을 믿었다면, 제자들이 부활하신 예수님을 두고 그리 놀라지는 않았을 것이다. 왜냐하면 예수님은 그저 그분이 예언하신 대로 이루신 것뿐이기 때문이다. 사실 제자들은 그러한 일들을 경험하였다. 예를 들면, 예수님께서 바다를 꾸짖자 그토록 거친 바다가 잔잔해졌다. 그때에도 제자들은 놀라며 "이가 누구이기에 바람과 바다도 순종하는고."라고 외쳤다(마 8:23-27). 그들은 또한 죽은 자도 살리시는 예수님을 경험했다. 그동안 여러 가지 이적을 체험한 제자들이 그 기적을 스스로에게 행하셔서 자신들 앞에 부활하여 나타나신 예수님이 진정 누구인지 몰랐던 것이다. 결국 예수님이 누구이신 줄을 알았다면, 제자들은 그렇게 두려워하지도 않았을 것이다. 그 두려움 역시도 그들에게는 익숙한 것이었다. 그 옛날 폭풍 속에서 두려워하던 제자들에게 예수님께서는 "어찌하여 두려워하느냐. 믿음이 적은 자들아." 하고 꾸짖으셨다. 두려움은 믿음이 적기 때문에 일어나는 결과다.

3. 예수님은 제자들을 어떻게 꾸짖으셨습니까? (눅 24:38) 도마에게 하셨던 말씀과 비교해 봅시다. (요 20:29)

"어찌하여 두려워하며 어찌하여 마음에 의심이 일어나느냐?"
"너는 나를 본 고로 믿느냐. 보지 못하고 믿는 자들은 복되도다."

제자들의 '두려움'과 '의심'에 대하여 예수님께서는 "어찌하여"라고 하시며 문제를 제기하신다. "그래서는 안 되는데, 왜 그러느냐?"는 책망이다. 이미 일러주신 약속을 잊어버리지 않고 믿었다면 어떻게 두려워할 수 있고 의심할 수 있느냐는 말씀이다.

예수님의 못자국과 창자국을 직접 손으로 만져보고 나서야 "나의 주, 나의 하나님!"이라고 고백한 도마에게 예수님은 "너는 나를 본 고로 믿느냐. 보지 못하고 믿는 자들은 복되도다."라고 말씀하셨다. 이것은 부활하신 것을 여러 번 말씀하신 예수님을 믿지 못한 제자들 모두에게 하신 말씀이며, 여전히 표적과 기사를 체험하지 않고는 믿지 못하는 많은 사람들에게 하신 말씀이다. 그리스도의 죽으심과 부활하심을 직접 목격한 제자들의 증언을 통해 초대교회가 세워졌다. 그리고 십 자가와 부활의 복음을 전하다가 순교한 제자들의 신앙의 터 위에서 복음서가 기록 되었다. 지금 우리에게 전해진 성경말씀을 통해 예수님의 십자가와 부활의 복음 을 믿는 자들이 바로 기독교인이다.

평신도 양육교재

반성하기

신실하신 하나님

1. '두려움'과 '의심'은 하나님의 약속으로부터 멀어지게 합니다. 어떻게 하면 '두 려움'과 '의심'으로부터 우리의 마음을 지켜낼 수 있을까요?

하나님의 '약속'을 굳게 붙잡음으로

하나님의 '약속'은 말씀으로 이미 주어졌고 성경으로 기록되었다. 하나님께서는 성 경 안에서 다양한 방법을 통하여 오늘 우리 각자에게 신앙의 약속을 주셨다. 아브 라함에게는 '복의 근원'을 약속해 주셨고, 모세에게는 능력의 지팡이로 함께하실 것을 약속해 주셨으며, 여호수아와 갈렙에게는 가나안을 정복할 것을 약속해 주 셨다. 예수님께서는 "세상 끝날까지 함께 있으리라."라고 약속해 주셨다. 이 외에 도 잊어서는 안 될 중요한 약속들을 말씀을 통하여 주셨다. 믿음 안에 거한다는 것 은 어떤 상황 속에서도 그 약속을 버리거나, 잊지 않고, 약속 가운데에서의 삶을 굳건하게 사는 것을 의미한다. 이 약속을 잊어버리는 순간, 인간은 두려움에 빠지 고 하나님에게서 멀어지게 된다.

2. 하나님께서 주신 '약속'을 잊어버리고 불안과 두려움에 빠진 적이 있습니까? 각
   자의 경험을 나누어 봅시다.

   각자의 경험을 나누어 본다.

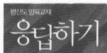

본회퍼(1906~1945)의 묵상

"주의 율례들을 즐거워하며 주의 말씀을 잊지 아니하나이다." 나의 생각이
쉽사리 하나님의 말씀에서 멀어지고, 필요한 시간에 필요한 말씀이 종종 생
각나지 않는 이유가 무엇입니까? 먹고 마시고 잠자는 것을 잊지 않는 내가 하
나님의 말씀은 왜 잊어버립니까? 시편이 말하듯이, 내가 주님의 율례를 즐거
워한다고 여전히 말하지 못하기 때문입니다. 내가 즐거워하는 것은 잊지 않
습니다. 망각하거나 기억하는 것은 이성의 일이 아니라 마음의 일입니다. 몸
과 마음이 걸려 있는 것은 결코 잊을 수 없습니다. 내가 피조세계와 말씀 안
에 있는 하나님의 율례를 사랑하면 사랑할수록 그것들은 시간마다 더욱더 생
생하게 기억됩니다. 오직 사랑만이 망각을 이길 수 있습니다.

하나님의 말씀은 역사 속에서, 곧 과거에 내게 말씀하셨습니다. 그렇기
때문에 배운 내용을 기억하고 반복하는 것은 매일 필요한 훈련입니다. "내
영혼아 여호와를 송축하며 그의 모든 은택을 잊지 말지어다(시 103:2)." "예
수 그리스도를 기억하라(딤후 2:8)." 믿음과 순종은 기억과 반복으로부터
힘을 얻습니다. 기억은 현재의 능력이 됩니다. 왜냐하면 살아계신 하나님이
나를 위해 행동하셨고 오늘날 이 사실을 내게 확신시켜 주시기 때문입니다.

예수 그리스도에 대한 매일의 기억은 하나님이 나를 영원부터 사랑하셨
고 나를 잊지 아니하셨다는 사실을 내게 확증해줍니다(사 49:14이하). 나
는 하나님이 나를 사랑하시기 때문에 나를 잊지 않으신다는 사실을 알고 있
습니다. 그래서 나는 즐거워합니다. 그리고 말씀 안에서 드러나는 하나님의

신실하신 사랑이 내 마음을 가득 채웁니다. 또 나는 주님의 말씀을 잊지 않겠다고 말하는 법을 배우게 됩니다.

Gesammelte Schriften Band 4, 1958~1961『디트리히 본회퍼 묵상 52』중에서

1. 본회퍼(사진 자료)는 기독교인들에게 필요한 훈련이 무엇이라고 했나요?

하나님의 말씀을 통해 예수 그리스도를 매일 기억하는 훈련

디트리히 본회퍼는 독일 루터교회 목사이자 신학자이며, 히틀러에게 저항하다가 처형된 순교자입니다. 말한 대로 살았던 용기 있는 기독교인이며 실천하는 지성인이었습니다. 그는 그리스도를 본받는 삶, 복음에 순종하는 삶이 무엇인지 삶으로 가르쳤던 신학자였습니다. 그는 기독교인들에게 하나님의 말씀을 통해 그리스도를 매일 기억하는 훈련을 하라고 권고합니다.

2. 하나님의 말씀을 매일 묵상할 수 있는 방법을 찾아서 실천합시다.

성경을 매일 1장씩 읽거나, 공통된 성경묵상집을 선택하여 매일 묵상을 하도록 한다. 성경을 매일 읽고 묵상하는 습관이 없는 학습자들은 교육을 받는 기간 동안 말씀을 가까이하는 훈련을 하도록 안내한다. 성경은 성령의 감동으로 쓰여진 책이므로, 성령의 조명하심으로 하나님의 뜻을 깨달을 수 있도록 은혜를 구하며 읽도록 안내한다.

새길말씀 외우기 ···

그러므로 믿음은 들음에서 나며 들음은 그리스도의 말씀으로 말미암았느니라 (롬 10:17)

결단의 기도 ···

직접 보고 나서야 믿었던 제자들처럼, 직접 만져보아야 믿겠다고 했던 도마처럼, 주님께서 하신 말씀을 기억하지 못하거나 의심할 때가 많았습니다. 보지 않고서 믿는 믿음이 복되다고 하신 예수님의 말씀을 기억합니다. 신실하신 하나님께서 약속하신 말씀들을 반드시 이루신다는 것을 믿는 믿음으로 살게 하옵소서. 성경을 통해 말씀하신 하나님의 뜻을 온전히 의지하며 살아가게 하옵소서. 아멘.

평가항목	세부사항	그렇다	그저 그렇다	아니다
인도자의 준비도	인도자는 본 과의 교육목적을 이룰 수 있도록 충분하게 준비했습니까?			
교육목표의 성취도	학습자들이 하나님의 말씀을 즐거워하여 묵상하는 것을 통해 그리스도를 늘 기억하기로 결단하였습니까?			
학습자의 참여도	학습자들이 진지하고 적극적인 태도로 성경공부에 임했습니까?			
성경공부의 분위기	성경공부를 하는 동안 학습자가 편안한 분위기를 느낄 수 있었습니까?			
기타 보완할 점	기타 보완할 점이나 건의사항이 있습니까?			

나는 죄인이로소이다

교육주제   인간의 죄성
배울말씀   누가복음 18장 9–14절
도울말씀   롬 1:28–32, 롬 3:10–18, 마 18:3
새길말씀   오호라 나는 곤고한 사람이로다 이 사망의 몸에서 누가 나를 건져내랴 (롬 7:24)
이룰 목표

　① 인간의 죄성과 그로 인한 인생의 곤고함을 이해한다.

　② 어린아이와 같은 자세로 하나님께 나아갈 때 곤고함으로부터 자유가 있음을 깨닫는다.

　③ 오직 하나님의 의를 구하는 삶을 살기로 결단한다.

교육흐름표

20 min	40 min	40 min	20 min
관심	기억	반성	응답

교육진행표

구분	관심갖기	기억하기	반성하기	응답하기
제목	잘못된 기준	자기 의(義)	나는 죄인이로소이다!	마음 낮추기
내용	자신의 기준을 절대적으로 여길 때 얻는 결과	바리새인의 교만한 기도와 세리의 겸손한 기도	하나님을 떠난 인간의 곤고함 깨닫기	자기 성찰하기
방법	예화 읽고 이야기하기	성경 찾아 답하기	성경 찾아 답하기	자신을 돌아보며 기도하기
준비물	에덴동산, 말씀 읽는 유대인 사진	성경책 바리새인과 세리의 기도 사진	성경책 바벨탑, 소돔과 고모라 사진	
시간	20분	40분	40분	20분

인간은 하나님의 형상을 따라 지음을 받았다. 그러나 에덴동산(사진 자료)에서 선악과를 따 먹음으로 전적으로 타락한 존재, 죄성이 가득한 존재가 되고 말았다. 인간이 지닌 가장 근본적인 문제는 그 삶에서 창조주 하나님을 밀어내고 오직 자기 뜻대로 살아가는 것이 옳다고 생각하는 것이다. 그런데 인간은 그 안에 죄성을 품고 살아가는 한, 곤고함으로부터 자유로울 수 없다. 인간은 연약하기 때문에 죄로부터 자유로울 수 없다. 그리고 그 죄가 인생에 무거운 질고를 씌운다. 어떤 인간이든 이를 피할 수 없다. 인간이 죄의 질고에서 자유로울 수 있는 길은 오직 하나님의 구원뿐이다. 오직 하나님의 은총으로만 '거룩성'을 회복하여 죄로부터, 무거운 인생의 질고로부터 자유롭게 될 수 있다.

1. 잘못된 가치관

아담은 선악과를 먹고서 인류의 죄의 조상이 되었다. 따라서 아담의 후손인 모든 인간은 원죄를 지고 이 땅에 태어난다. 하나님의 형상이 깨어진 채 죄성을 가지고 이 땅에 태어난 인간은 가볍고 즐길 만한 것, 그리고 자기의 권세를 높여줄 것들만 최고의 가치로 여기고 살아간다. 예수님께서 이기신 사탄의 시험은 바로 이런 측면에서 인간의 자기중심적인 가치관들을 그대로 드러냈다. 사탄은 인간의 대표로서 인생의 즐길 만한 것들을 추구할 것(돌이 떡이 되게 하는 것)과 눈에 보이는 화려함을 추구할 것(성전에서 뛰어 내릴 것), 그리고 세상의 큰 권세를 추구할 것(높은 곳에서 절을 할 것) 등으로 예수님을 시험을 하였다(마 4:1-11). 목적 없이 즐기는 것이나 화려함을 추구하는 것 그리고 권세를 추구하는 것, 등은 아담 이래 인간이 하나님을 멀리하며 추구한 잘못된 가치관들이다. 이러한 가치관들은 궁극적으로 인간을 그 질고의 인생에서 해방시키지 못한다. 이러한 가치관들과 삶의 방식들은 인간으로 하여금 더 큰 고난의 인생 나락에 빠져들게 한다.

2. 자기 의

잘못된 가치관으로 가득하고 그로 인한 고난 때문에 고통 받는 인간의 문제는 그 고난으로부터 자유하기 위하여 끊임없이 자기 방법을 고집한다. 인간은 스스로 고안한 방법들이 옳다고 생각하는 경향이 있다. 그래서 자기가 생각하고 추구하는 방법만 옳다고 여기고 그것을 자기 인생의 기준으로 삼는 것은 물론, 타인에게까지 그 삶을 강요한다. 그러나 성경과 기독교 신앙은 이러한 인간의 오만함을 잘못된 것이라고 말한다. 먼저 인간은 죄와 인생의 질고로부터 스스로 자유로워질 수 없다. 나아가 인간이 만드는 자유의 방법은 오류로 가득하다. 그러므로 인간이 스스로 만든 자유의 방법을 기준으로 삼아 스스로 자고해지는 것은 본인과 타인의 인생을 더욱 깊은 질고로 빠져들게 할 뿐이다. 인간은 누구도 자기를 의의 기준으로 삼을 수 없다. 오직 공의로우신 하나님의 말씀만이 의의 기준이 될 수 있다.

3. 자신을 바로 알고 하나님을 경험하기

만일 누군가 하나님 앞에서 자신의 불완전함과 어리석음을 깨닫는다면 그는 인생의 질고에서 벗어나 자유로운 인생으로 나아가게 된다. 전도서의 저자는 자만이 가득했던 왕의 인생, 그 미련함을 말한다. 잠언은 오직 하나님을 경외하는 것만이 자유와 참 지혜의 자리로 나아가는 길이라고 가르친다. 자유한 삶으로 나아가는 길은 간단하다. 자유를 원한다면 누구든지 자신의 불완전함을 고백해야 한다. 스스로 지혜로울 수 없다는 것을 깨달아야 한다. 그리고 자신의 아둔함을 고백해야 한다. 그는 이제 스스로에게 구원의 길이 없음을 깨닫고 참 구원과 자유가 하늘로부터 임한다는 것을 깨닫는다. 인생의 구원과 자유를 위하여 하나님을 구하는 것이다. 하나님의 의와 지혜, 하나님의 구원과 자유케 하시는 은혜를 간절히 구하는 것이야말로 인생 질고로부터 탈출할 수 있는 유일한 길이다. 하나님의 아들 예수 그리스도께서는 그래서 "수고하고 무거운 짐진 자들아, 다 내게로 오라."라고 말씀하셨다(마 11:28).

오늘 본문에서 우리는 '스스로 구원과 자유의 길을 아는 의인인' 바리새인과 '구원과 자유의 길을 몰라 겸손히 하나님을 구하는' 세리의 모습을 본다. 예수님 시대 바리새인들은 율법(사진 자료)을 암송하고 율법대로 살아가는 사람들이었다. 이들은 인간이 자유하기 위해 필요한 길, 즉 율법을 잘 아는 사람들이었다. 그들은 율법을 문자 그대로 지키며 사는 길만이 참 자유의 길이라고 여기는 사람들이었다. 그리고 그 길을 올곧이 가는 자신들이야말로 참 자유로운 사람들이며 의로운 사람들이라고 생각했다. 그런데 예수님께서 이 의인의 개념을 새롭게 바꾸셨다. 예수님의 관점에서 스스로의 방법에 갇혀 자기가 추구하는 방법과 길만이 옳은 것이라고 편협하게 주장하는 바리새인은 의인이 아니었다. 비록 의인이라 할 수는 없어도 하나님의 의를 경험하고 하나님의 구원과 자유를 누릴 수 있는 가능성이 높은 존재는 오히려 세리였다. 세리는 인간으로서 경험하는 삶의 질고와 그 고통에서 헤어날 길을 알지 못하는 사람이었다. 그는 그저 자신을 죄인이라 여기고 죄인으로서 삶의 질고를 하나님께서 벗겨주시길 간절히 바랐다. 그가 외친 것은 오직 하나님의 자비였다. 예수님께서는 스스로 자고하지 않고 겸손히 하나님의 도움을 바라는 이 세리야말로 참 구원과 자유를 얻을 자격이 있다고 말씀하신다. 그에게는 자기를 드러내는 어떤 의도 발견되지 않았고 오직 하나님만을 구하는 갈급한 심령만 있었다.

용어, 지명 해설

·바리새인 : 유대교의 세 종파(사두개파, 바리새파, 엣세네파) 중의 하나로, 자유주의자인 사두개파와 숙명론자인 엣세네파의 중간으로 볼 수 있다. 예수님 당시 바리새파는 약 6,000명의 회원을 가지고 있었다. 그들은 사후에 의인은 새 몸을 입으나 악인은 음부에 가는 것(행 23:6), 천사의 존재(행 23:7-9), 율법의 권위 있는 해석 '탈무드' 등을 믿었다(마 23:1-39, 막 7:5-8). 바리새파는 율법에 대한 열심으로 사람들의 존경을 받았고, 성전을 중심으로 활동하던 사두개인과 달리 회당을 중심으로 활동했다. 그들은 이상적 메시아를 대망하면서, 율법을 주신 하나님을 두려워했다(갈 2:3-5, 5:1, 6:13). 그들은 율법의 개인적인 수행을 강조했고(사두개파들은 성전 예배를 강조했다.), 사두개인들이 부인하던 부활을 믿었다. 그들은 율법은 상황에 따라 변해야 한다고 보아서 바리새인들의 전체 결정에 따라 율법이 개정되기도 했다.

추운 지방에서 자를 만들어 파는 기술자가 있었습니다. 그는 자신이 가지고 있던 30cm 기준자를 사용하여 정확하고 품질 좋은 30cm자를 만들어 팔았습니다. 인근 동네에서 그가 만든 자는 정확하다고 소문이 자자했습니다.

그러던 어느 날, 그 기술자는 자신이 살던 추운 지역을 떠나서 아주 무더운 지역에 가서 살게 되었습니다. 그 지역에도 이미 이 기술자의 명성이 널리 퍼져 있었습니다. 그래서 그곳의 많은 사람들이 그가 만든 자를 구해서 사용하게 되었습니다. 그런데, 시간이 지나자 더운 나라에 큰 혼란이 일어났습니다. 그 기술자가 만든 자를 사용한 사람들이 일을 할 때 문제가 생긴 것이었습니다. 그들은 예전에 정확하게 측정해서 만든 것들과 새로 만든 것들이 서로 맞지 않는다는 것을 알게 되었습니다. 혼란이 커지자 나라에서 그 원인을 찾게 되었습니다.

마침내 그 원인이 밝혀졌습니다. 자를 만든 기술자가 가지고 있던 쇠로 만든 기준자가 30cm보다 조금 더 길었던 것입니다. 추운 지방에서 30cm였던 자가 더운 지역으로 오자 조금 팽창되어서 늘어난 것입니다. 그 기술자는 자신의 기준자가 날씨 때문에 변했을 것이라고 생각조차 하지 못했습니다. 결국 잘못된 기준자를 사용하여 만든 자와 그 자를 이용해 만든 물건들 모두 사용할 수 없게 되고 말았습니다.

1. 이 기술자가 만든 자를 사용한 사람들의 수고가 헛된 것이 되고만 이유는 무엇인가요?

기준이 되는 자가 잘못되었기 때문에

더운 나라 사람들의 일상의 노력들이 헛수고가 된 이유는 그 사람들이 일을 잘못했거나, 자를 만든 사람이 무언가 실수를 한 때문이 아니었다. 이 모든 헛수고의 원인은 바로 쇠로 만든 기준자가 기온에 따라 길이가 달라졌기 때문이다. 수학자나 물리학자 혹은 공학자들은 이 세상에 절대 기준이란 없다고 말한다. 세상을 살아가면서 스스로 만든 무엇인가가 절대기준이라고 주장하는 것은 어리석은 일이다. 스스로 절대 기준이라고 주장하는 순간, 그 인생에 더운 나라의 불상사가 발생한다.

2. 내가 세운 기준과 가치관을 절대적인 것으로 여기고 그것을 세상의 기준으로 삼으려 할 때 어떤 일이 일어날지 생각해 보고 이야기를 나누어 봅시다.

그나마 힘들고 어려운 인생의 질고에 더 무거운 짐을 지우는 꼴이 되고 말 것이다. 실제로, 나 자신에게 편리한 기준과 가치관이 자의든 타의든 그것을 지키며 세상을 살아가는 누군가에게 큰 짐이 될 수도 있다.

죄를 안고 살아가는 인생은 참으로 힘들고 고달프다. 자연인으로서 우리는 많은 노동과 많은 노력을 기울여 힘들게 하루 하루의 세상을 살아간다. 그런데 이런 우리의 삶이 더욱 힘들어질 때가 있다. 누군가 우리가 동의하지 않은 기준을 가지고 우리의 삶을 저울질하여 과함과 부족함을 판단할 때이다. 우리의 삶이 그 기준에 못 미치면 우리는 지금보다 더 많은 노력을 해야한다. 만일 그것보다 과하다 해도 우리의 삶이 자유로워지지는 않는다. 세상은 제시한 기준보다 과한 인생과 삶을 조롱한다. 그리고 더 많은 짐을 부과한다. 기준이라는 것은 결국 우리의 세속에서의 삶을 더욱 고통스럽게 한다.
우리는 우리에게 매우 유용했던 기준이 우리의 형제나 우리의 자녀들에게 유익하지 못할 때를 발견한다. 때로는 그 기준이 자녀들에게 큰 짐이 되어 그들의 일생을 괴롭히는 것을 목도하기도 한다. 인생에서 기준이 필요한 것은 사실이다. 그런데 그것이 우리의 삶을 더욱 고통스럽게 할 때 우리는 우리가 세우는 기준이라는 것이 얼마나 제한이 많은 것인지를 겸손하게 인정하게 된다. 그리고 그 인정의 순간, 참으로 우리를 자유하게 하시는 하나님을 간절히 구하게 된다.

기억하기

자기 의(義)

배울말씀인 누가복음 18장 9-14절의 말씀을 읽고 질문에 답해 봅시다.

1. 이 비유는 예수께서 누구에게 하신 말씀입니까? (눅 18:9)

<u>스스로 의롭다고 확신하고 남을 멸시하는 몇몇 사람에게</u>

자기 스스로를 의롭다고 믿는 사람이라고 해서 항상 다른 사람을 멸시하는 것은 아니다. 다른 사람을 멸시하는 사람은 일반적으로 자기가 의로운 것이 자신의 공로로 말미암은 것이기에 자기 외의 다른 이들은 감히 자신의 의에 가까이 이르지 못할 것이라 믿는 자만한 사람이다. 이런 사람은 대부분 자기만의 기준으로 자신과 세상을 판단하는데, 대부분의 경우 그 기준이 틀린 것일 뿐 아니라, 독선적인 내용을 담고 있는 경우도 많다. 교만하여 다른 사람들과 연합하거나 화합하지 못해서 분리하고 차별을 일삼게 되는 경우도 생기곤 한다. 그러나 자기의 의롭게 된 것이 하나님의 은혜로 말미암은 것임을 믿는 기독교인들은 의에 대하여 자만하지 않을 뿐 아니라 절대 다른 사람을 멸시하지 않는다. 그리고 쉽게 남을 판단하지도 않는다.

2. 바리새인이 기도하면서 감사한 내용이 무엇인지 정리해 봅시다.
   (눅 18:11)

나는, 남의 것을 빼앗는 자, 불의한 자, 간음하는 자와 같지 않으며, 더구나 이 세리와도 같지 않습니다.

바리새인의 감사는 자만하고 자기만을 기준으로 삼는 사람들, 그래서 하나님을 온전히 알지 못하는 사람들의 전형을 보여준다. 그들은 오직 자기 자신과 자기가 하는 말, 행동만이 이 세상의 기준이라고 생각하는 사람들이다. 이런 사람들의 특징은 자신의 의로운 몇몇 모습과 타인의 모습을 비교한다는 것이다. 그렇게 자신의 잘난 모습과 타인의 모습을 비교하여 자기의 의로움을 더욱 빛내려는 것이 이들의 목적인 것이다. 이들은 결국 감사가 목적이 아니라 자기의 교만한 의를 드러내는 것이 목적인 사람들이다.

3. 바리새인이 스스로 자랑스럽고 의로운 일이라 생각하여 하나님께 기도했던 내용은 무엇입니까? (눅 18:12)

"나는 이레에 두 번씩 금식하고 또 소득의 십일조를 드리나이다."

사실 바리새인에게 있어서 금식하는 것과 십일조 드리는 것은 당연한 일이다. 왜냐하면 이것은 바리새인이라면 당연히 지켜야 하는 규례 또는 지침이기 때문이다. 그런데 이 바리새인은 당연히 행할 바를 자랑할 뿐 아니라, 그것으로 자신이 의로운 사람이라고 생각하고 있다. 자신이 자랑스럽게 생각하는 생각과 행동의 기준들은 결국 자신을 옭아매고 자신을 더욱 고통스러운 삶으로 인도할 뿐이다. 우리 삶 역시 마찬가지이다. 스스로의 윤리적인 혹은 종교적인 행위들을 자랑하고 그런 삶을 살지 못하는 사람들에게 비판적인 태도를 취하는 사람들은 자신이 들이댄 그 기준에 얽매여 종처럼 살게 된다. 더 나아가 타인들이 그 잣대를 다시 그들에게 적용하여 그들을 비판하는 도구로 삼는다. 스스로를 높이는 잣대는 결국 스스로를 재단하는 칼이 되어 자신에게 돌아온다.

4. 세리의 기도하는 자세와 바리새인이 기도하는 자세는 어떻게 다른가요?
  (눅 18:13)

  "감히 눈을 들어 하늘을 우러러 보지도 못하고 다만 가슴을 치며"

  바리새인들은 대부분 사람이 많은 시장의 한쪽에서 기도를 했다. 그들은 그곳에
  서 하늘 높이 손을 쳐들고 남이 보라는 듯이 하늘을 우러러 보며 기도하였다. 눈
  을 들어 하늘을 우러러 보며 기도하는 모든 사람이 잘못되었다는 것은 아니다. 하
  나님의 도움이 너무도 절박하여 감히 눈을 들어 하늘을 우러러 보게 되는 경우가
  있다. 그러나 우리는 세리의 모습에서 가장 올바른 기도의 자세를 볼 수 있다.(사
  진자료)그는 기도하는 인간이 기도를 받으시는 하나님 앞에서 어떤 자세로 서야하
  는지를 적절하게 보여준다. 세리는 자신의 인생에 지워진 질고의 무게를 아는 사
  람이었다. 그는 바리새인처럼 기도의 방법을 모르는 사람이 아니었다. 그는 단지
  사회적으로 종교적으로 그렇게 기도할 자격이 주어지지 않은 사람이었다. 그도
  역시 바리새인들이나 다른 유대인들과 같은 방법으로 구원과 자유를 누리고 싶었
  다. 그러나 그는 그렇게 할 수 없었다. 놀랍게도 그런 그의 사회 종교적인 위치가
  결국 그로 하여금 가장 합당한 기도자의 모습으로 나아가게 했다. 그는 바리새인
  의 방법이 아닌 한 명의 자연인의 방법으로, 어린아이와 같은 심정으로, 하나님 앞
  에 섰다. 이 기도야말로 하나님의 긍휼을 구하는 가장 본질적인 기도이다. 사람은
  하나님 앞에서 자기 의를 세워서 고개를 쳐들 수 없다. 그 어떤 사람도 고개를 내
  리고 가슴을 칠 수밖에 없다. 이런 면에서 세리는 철저하게 자신을 돌아보고 자신
  의 불의함을 탄식하는 자세로 기도한 것이다. 그는 하나님 앞에 선 인간이 드려야
  할 가장 기도다운 기도를 드렸다.

5. 세리의 기도 내용은 무엇이고, 바리새인의 기도와 어떻게 다른가요? (눅 18:14)

  "하나님이여, 불쌍히 여기옵소서. 나는 죄인이로소이다."

세리는 기도의 내용 면에서도 가장 합당한 기도를 드렸다. 그는 하나님의 구원과 하나님의 자유를 소망하며 인간의 방법이 아닌 하나님의 방법이 자신의 삶에 임하기를 간절히 구했다. 위에서 보듯 바리새인의 기도는 입으로만 하는 기도였지만, 세리의 기도는 가슴으로 하는 기도였다. 바리새인은 자신의 의를 드러내고자 구체적인 사례들을 나열하고 있지만, 세리는 다만 자신의 가슴을 쓸어내리는 마음의 소리, 곧 탄식만 토해낼 뿐이었다. 입으로만 하는 기도와 마음으로 하는 기도가 사람들에게 어떻게 들리든지간에 하나님께서는 마음으로, 뜻으로 기도를 들으신다. 그리고 하나님의 아들 예수님도 바리새인의 자만어린 기도가 아닌, 세리의 겸손한 기도를 듣고 계셨다.

결국 자신의 의를 드러내는 자만한 기도가 아닌 자신의 참 모습을 온전히 드리는 겸손의 기도가 우리로 하여금 하나님의 구원과 자유하게 하시는 은혜를 경험하게 한다. 인간이 자유하게 되는 첩경은 바로 세리와 같은 겸손과 하나님께 대한 어린아이와 같은 탄원에 있다. 하나님은 자신의 모습을 온전히 드러내고 하나님의 처분만을 기다리는 자세를 가진 이를 보시고 기뻐하신다. 하나님은 그런 영혼을 받아주시고 그의 영혼을 죄와 질고로부터 자유하게 하신다.

반성하기 평신도 양육교재

나는 죄인이로소이다!

1. 바리새인의 기도와 세리의 기도 중 하나님께서 들으시는 기도는 무엇입니까? 둘 중 하나를 선택하고 그 이유를 나누어 봅시다.

하나님은 세리와 같은 모습으로 드리는 기도를 들으신다.

성경공부에 참여하는 성도들 중 몇몇을 지목하여 질문을 해보자. 물론 그들은 "세리"라고 대답할 것이다. 이때 인도자는 왜 세리라고 생각하는지 이유를 물어야 한다. 그리고 다음과 같은 이유가 정리될 수 있도록 인도한다. 하나님께서는 세리의 기도하는 모습을 기뻐하신다. 세리는 인생의 질고로부터 구원을 받고 영혼이 자유하여지기를 위하여 모든 것을 하나님께 의탁하는 방법을 택한 사람이다. 사실 그는 바리새인의 방법을 알고 있었다. 그는 유대인들이 일반적으로 택하는 종교적인 방법을 모르는 사람이 아니었다. 그러나 그는 종교사회적으로 그 방법을 사용할 수 있는 처지가 아니었다. 결국 그는 가슴을 치며 애통한 심정으로 하나님을 찾았다. 그러자 그의 겸손한 기도 방법이 그에 비하여 자만하기가 이를 데 없는 바리새인의 기도를 제치고 하나님의 구원과 자유를 경험하게 되는 길이 되었다. 중요한 것은 이것이다. 우리는 세리의 기도를 드려야 한다. 세리가 되라는 것이 아니라 세리처럼 온전히 하나님만을 의지하는 자세로 기도하라는 것이다.

2. 예수님께서 세리의 어떤 마음을 보셨는지 이야기해 봅시다.

<u>스스로를 죄인으로 생각하여 세상 누구보다 낮아진 마음, 그래서 스스로의 구원과</u>
<u>자유를 위하여 하나님만을 의지하는 마음</u>

예수님께서는 세리의 마음을 보셨다. 예수님께서는 세리야말로 인간으로서 스스로의 구원과 자유를 위하여 무엇을 해야 하는지를 잘 아는 사람이라고 생각하셨다. 세리는 당대의 누구보다 자기 자신을 낮게 본 사람이었다. 그는 당대의 많은 사람들이 쉽게 택했던 구원과 자유를 위한 종교적인 방법을 선택할 권한마저 없는 사람이었다. 그런 그가 선택한 방법은 하나님 앞에 선 인간 본연의 모습, 즉 겸손 그 자체였다. 예수님께서는 세리의 마음, 그 겸손의 마음을 보셨다. 그리고 하나님이신 스스로의 눈으로 세리야말로 그 누구보다 하나님의 기도 응답을 듣고 높임을 받을 자격이 있다고 하셨다.

3. 하나님 앞에 선 인간의 모습이 어떠한지 성경을 찾아 읽고 이야기해 봅시다.
   (롬 1:28-32)

하나님 앞에서 인간은 의도적으로 하나님을 멀리하고 스스로의 방법으로 의로워질
수 있다고 생각한다.

인도자는 여기서 성경의 관점을 분명하게 가져야 한다. 성경은 인간이 언제나 하
나님을 멀리하고 하나님 없이도 스스로를 구원하고 스스로 자유로워질 수 있다고
믿는다고 본다. 가인은 하나님의 보호를 물리치고 스스로 성을 쌓았고 노아의 후
예들은 하나님께 도전하여 바벨탑(사진 자료)을 쌓았다. 아브라함의 조카 롯은 하나
님을 의지하는 삼촌의 삶 보다 자기를 보호해주고 풍요롭게 해줄 것 같은 소돔과
고모라(사진 자료)를 더 동경하였다. 로마서 1장은 그래서 인간 본연의 모습을 "마음
에 하나님 두기를 싫어한다."라고 했다. 인간이 질고 가운데 빠질 수밖에 없는 근
본적인 이유는 하나님이 아닌 자신의 방법대로 살아가려고 하기 때문이다. 그들
은 또한 그렇게 하나님 없이 살아가는 사람들의 삶을 예찬한다(롬 1:32). 성경은 여
기서 하나님을 멀리하는 인간 삶을 한마디로 정리한다. "곤고함"이다. 하나님을 멀
리하고 자기 의와 자기 기준으로 살아가는 인간의 삶은 곤고하다. 마치 아버지의
품을 떠나 멀리 타국에서 돈만을 의지하며 살았던 둘째 아들의 처지와 같다.

똑같은 것을 보아도 보는 사람의 마음 상태에 따라서 그 보는 것이 달라 보인다. 영어 단어 'understand'(남을 '이해하다')는 'under(~아래)'와 'stand(서다)'가 합쳐진 단어이다. 결국 남을 이해한다는 것은 '남보다 낮은 자리에 서서 그를 본다'는 의미를 내포하고 있다. 마음을 낮추고 보면 보이지 않던 하나님을 볼 수 있게 되는 것이 바로 이런 이치이다. 얼마나 마음을 많이 낮추느냐에 따라 얼마나 귀한 천국을 누리게 되는지가 결정된다. 반대로 얼마나 마음을 높이느냐에 따라 얼마나 더 무거운 인생의 질고를 지게 될지가 결정된다. 사람은 하나님의 영광을 가로채는 만큼 그 인생이 고통스럽고, 하나님의 영광을 온전히 하나님께 드리는 만큼 그 인생이 자유를 경험하게 된다.

1. 오늘 내가 바리새인의 자고한 삶을 살고 있지 않은지 돌아봅시다. 그리고 세리의 낮고 겸손한 자세로 돌아서기 위해 기도합시다.

새길말씀 외우기

오호라 나는 곤고한 사람이로다 이 사망의 몸에서 누가 나를 건져내랴 (롬 7:24)

결단의 기도

나의 행동보다 내 마음을 보시는 주님, 나의 높아진 마음으로 인하여 죄의 곤고함을 벗어버리지 못하였습니다. 이제 저의 마음을 낮추오니 저를 불쌍히 여기셔서 죄의 곤고함에서 벗어나 자유를 누리게 하소서. 아멘.

평가항목	세부사항	그렇다	그저 그렇다	아니다
인도자의 준비도	인도자는 본 과의 교육목적을 이루기 위해 충분히 준비했습니까?			
교육목표의 성취도	학습자들이 하나님 앞에서 본래 죄인으로서의 낮은 마음과 겸손한 마음으로 온전히 하나님을 의지하기로 결단하였습니까?			
학습자의 참여도	학습자들이 진지하고 적극적인 태도로 성경공부에 임했습니까?			
성경공부의 분위기	성경공부를 진행하는 동안의 분위기가 자연스럽고 편안했습니까?			
기타 보완할 점	기타 보완할 점이나 건의사항이 있습니까?			

십자가에 못 박아야 할 것들

교육주제   자기 부인(否認)

배울말씀   창세기 19장 23-29절

도울말씀   엡 2:3

새길말씀   내가 그리스도와 함께 십자가에 못 박혔나니 그런즉 이제는 내가 사는 것이 아니요
오직 내 안에 그리스도께서 사시는 것이라 이제 내가 육체 가운데 사는 것은 나를
사랑하사 나를 위하여 자기 자신을 버리신 하나님의 아들을 믿는 믿음 안에서 사는
것이라 (갈 2:20)

이룰 목표

① 기독교인으로서 아직 포기하지 못한 습관이나 가치관을 찾아본다.

② 예수님을 따르기 위해 자기를 부인하고 십자가를 지기로 결단한다.

③ 십자가를 지기 위해 포기해야 할 자신의 습관이나 가치관을 적고 고백한다.

교육흐름표

40 min	20 min	20 min	40 min
관심	기억	반성	응답

교육진행표

구분	관심갖기	기억하기	반성하기	응답하기
제목	목숨보다 귀한 바나나?	생명을 앗아간 미련	포기해야 할 것들	내가 포기해야 할 세상의 가치들
내용	원숭이 이야기를 읽고, 자신의 삶에서 예수님보다 소중한 것 확인하기	소돔과 고모라에 두고 온 것들에 대해 미련을 가진 롯의 아내의 죽음	기독교인이 포기해야 할 것들 확인하기	세상적 습관과 가치 찾아서 포기하기
방법	예화 읽고 이야기하기	성경 찾아 답하기	성경 찾아 답하기	결단하고 기도하기
준비물		성경책 소돔과 고모라, 롯 아내의 소금기둥사진	성경책	
시간	40분	20분	20분	40분

말씀 이해

기독교인은 과거의 모습인 옛사람을 그리스도와 함께 십자가에 못 박고 하나님의 형상으로 새롭게 지음 받아 새사람으로 다시 난 사람들이다. 즉 물과 성령으로 말미암아 영적으로 거듭난 사람들이다. 그러므로 이제는 영혼을 담고 있는 육체까지도 정욕을 따라 살던 옛 모습에서 벗어나 성령에 이끌려 살아야 한다. 이를 위해서는 이전까지 육체적인 삶을 주관하던 죄와 정욕을 포기하고 예수 그리스도를 내 삶의 주인으로 받아들여야 한다. 그때 비로소 진정한 영적 행복을 맛볼 수 있게 된다.

1. 가치관 포기

가치관은 선천적인 품성보다 후천적인 환경의 요인들에 영향을 받아 형성되는 경우가 많다. 가치관은 마치 세상을 보는 안경과 같아서 처음에는 맑고 환한 빛을 보지만, 시간이 지날수록 먼지가 끼고 공해에 찌들린 세상을 보게 된다. 따라서 거듭하여 씻고 닦아내지 않으면 당장 보이는 그 자체가 본래의 세상인 것으로 착각하게 된다. 붉은 색의 안경을 끼고 세상을 보면서 세상이 결코 붉은 것이 아닌데도 세상은 온통 붉다고 말하게 되는 것은 바로 붉은 안경 때문이다. 이렇게 어떤 가치관으로 세상과 만사를 보느냐에 따라서 보는 것이 다르게 보이는 것이다.

인간의 가장 큰 문제는 태어날 때부터 죄성이라는 가치관을 가지고 태어난다는 것이며, 세상에서 사는 동안 세상의 그릇된 가치관이 인간을 지배하게 된다는 것이다. 세속적인 가치관이 인간을 지배하도록 두는 이유는 간단하다. 세상의 그릇된 가치관이 더 편리하고 좋아 보이기 때문이다. 하지만 이런 그릇된 가치관을 포기하지 않고서는 하나님을 볼 수 없다. 심령이 가난한 자가 하나님을 볼 것이라고 하신 말씀에서 가난한 심령이란, 세상의 그릇된 가치관들을 포기하여 가난해진 심령을 말한다. 그 심령은 하나님의 성품을 닮은 인간 본연의 가치관을 지닌 심령이기에 하나님의 은혜를 누릴 수 있다.

2. 포기치 못하는 가치관

인간이 세상 속에서 살면서 부, 명예, 권력, 출세 같은 세상적 가치관을 포기한다는 것은 참으로 어려운 일이다. 그것은 곧 패배요, 심지어 죽음을 의미하는 것이기 때문이다. 적어도 세상에 사는 동안 세상적 가치관을 포기하는 것은 인간의 삶의 근거 자체가 흔들리는 일일 수 있다. 하지만 예수님은 한 알의 밀알이 땅에 떨어져 썩지 아니하면 한 알 그대로 있을 뿐이고, 썩으면 비로소 삼십 배, 육십 배, 백 배의 결실을 거둘 수 있다고 말씀하셨다. 이 땅에서의 작은 포기가 궁극적으로는 엄청난 축복의 근원이 되는 것이다. 세상적 가치관을 포기하지 않는 한, 천국을 누릴 수도 하나님의 나라를 이룰 수도 없다.

3. 포기해야 할 세상적 가치관

성경은 인간이 세상에 살면서 포기해야 할 세상적 가치관을 육신의 정욕, 안목의 정욕, 이생의 자랑이라고 말한다. 먹고, 마시고, 입고, 즐기는 것은 세상을 살면서 필요한 요소들이지만, 그것을 주된 가치관으로 여겨 목적으로 삼아서는 안 된다. 그 모든 것들은 하나님의 나라와 의를 구하기 위한 수단 이상이 되어서는 안 된다. 온전한 가치관은 하나님의 나라와 의를 먼저 구하는 것이며, 하나님의 영광과 이 땅의 참 평화를 이루는 것을 목표로 해야 한다. 세상적인 가치들은 하나님의 권세 아래 있어야 한다.

본래 소돔과 고모라는 사해의 남단 싯딤 골짜기에 있던 성읍들로 가나안 땅 중에서 가장 비옥한 곳 중에 하나였다. 저지대의 다섯 성읍들 중에서 가장 번영했었지만, 도덕적인 타락으로 인해 유황불로 멸망(창 10:19, 19:2, 18:20, 19:24)당하였다. 아브라함의 조카 롯이 삼촌과 결별하면서 선택한 당시의 소돔과 고모라는 마치 '여호와의 동산' 같고 '애굽 땅'과 같아 보였다(창 13:10). 그러나 그 성에 사는 사람은 모두 악하여 여호와 앞에 큰 죄인이었다(창 13:13). 특히 멸망의 날에 구원을 받았으나, 두고 온 재산에 대한 미련을 버리지 못하고 뒤를 돌아보아 소금 기둥이 되고 만 롯의 아내의 이야기는 오늘 우리에게도 시사하는 바가 크다.

평신도 양육교재
관심갖기

목숨보다 귀한 바나나?

다음 이야기를 읽고 주어진 질문에 답해 봅시다.

인도네시아의 원주민들이 원숭이를 잡을 때 사용하는 방법입니다.

원숭이는 너무나 동작이 빠르고 영리하기 때문에 원숭이를 잡으려고 따라다녀 봤자 힘만 들 뿐, 원숭이를 잡기는 거의 불가능합니다. 그래서 원주민들은 원숭이를 따라 다니지 않고 덫을 만들어 놓고 기다립니다. 그런데 그 덫의 모양이 재밌습니다. 목이 가는 항아리와 바나나 하나가 전부랍니다.

그들은 그저 목이 가는 항아리 안에 바나나를 넣어두고 원숭이들이 잘 다니는 길목에 놓아둡니다. 시간이 지나면 배가 고픈 어느 원숭이가 맛있는 바나나 향기를 맡고서 항아리 근처로 찾아옵니다. 원숭이는 얼른 긴 항아리 속에 손을 넣어서 바나나를 움켜 잡습니다. 그런데 좁은 항아리 입구로 들어간 손이 바나나를 쥐게 되면 도저히 나올 수가 없게 됩니다. 원숭이는 어떻게든 바나나를 꺼내어 먹기 위해 노력합니다. 그러나 바나나를 쥔 손은 바나나를 포기하기 전에는 절대로 항아리 밖으로 나올 수가 없습니다. 온갖 몸부림을 치며 손을 빼기 위해 노력하지만 힘만 점점 빠질 뿐입니다.

그때 그 덫을 놓은 사람이 조용히 다가갑니다. 원숭이는 바나나를 포기해야만 합니다. 그래야 도망칠 수 있습니다. 그래야 살 수 있습니다. 하지만, 원숭이는 당장에 손에 쥐고 있는 맛있는 바나나를 포기할 수가 없습니다. 그렇게 원숭이는 사람들에게 잡히고 맙니다. 바나나가 더 귀중할까요, 목숨이 더 귀중할까요?

1. 다음의 활동을 통해 나에게 있어서 바나나와 같이 중요한 것이 무엇인지 생각해 보고, 또 그것이 얼마나 중요한 것인지 되돌아 봅시다.

집, 학위, 자동차, 직장 등 유형, 무형의 것들 중에서 중요하게 생각하는 것들을 적어보도록 한다. 단 예수님, 하나님, 주님 등은 제외하고 적도록 한다.

① 내 삶에서 중요하다고 생각하는 것을 우선순위에 따라 5가지 정도 적어봅시다.

(1) 남편 (아내) 혹은 자녀
(2) 집
(3) 부모님
(4) 어린 시절의 추억
(5) 직장

위에 예시된 것들이 정답은 아니다. 참여자들로 하여금 자유롭게 자신의 인생과 삶에서 중요하다고 여겨지는 것들을 기록할 수 있도록 분위기를 유도하자.

② 위에 적은 것들 중에서 예수님을 위하여 포기할 수 있는 것이 무엇인지 이야기해 봅시다.

각자의 대답을 들어본다.

일반적으로 기독교인들은 예수님을 가장 귀한 존재로 여긴다. 기독교인의 상식으로 볼 때 예수님은 다른 무엇과도 바꿀 수 없는 귀중한 존재이다. 인도자는 이 당연한 듯한 질문들을 통하여 참여자들로 하여금 기독교인의 삶에서 무엇과도 바꿀 수 없는 것이 있음을 깨닫게 하자. 그리고 기독교인으로서 가장 귀중한 존재인 예수님을 위해 오히려 각자 중요하다고 생각되는 것들을 포기해야 함을 가르치도록 하자. 그런 다음, 자연스럽게 성경공부로 나아가도록 하자.

생명을 앗아간 미련(未練)

배울말씀을 읽고 주어진 질문에 답해 봅시다.

1. 하나님께서 왜 소돔과 고모라를 멸하기로 하셨나요? (창 18:20)

   소돔과 고모라(사진 자료)에 대한 부르짖음이 크고 그 죄악이 심히 무거우니(새번역 성경에는 '소돔과 고모라에서 들려오는 저 울부짖는 소리가 너무 크다. 그 안에서 사람들이 엄청난 죄를 저지르고 있다.'라고 기록되어 있다.)

2. 하나님께서 소돔과 고모라를 어떻게 멸하셨나요? (창 19:24)

   유황과 불을 비 같이 내려 태움

3. 하나님께서 멸하신 것들은 구체적으로 어떤 것들인가요? (창 19:25)

   1) 그 성들과 2) 온 들과 3) 성에 거주하는 모든 백성과 4) 땅에 난 것을 다 엎어 멸하셨더라

   유황과 불은 소돔과 고모라성에 존재하는 모든 것을 태우기에 충분했다. 하나님께서 소돔과 고모라를 유황불로 없애신 것은 그곳에 존재하는 모든 것을 소멸시키겠다는 의지를 보이신 것이다. 실제로 소돔과 고모라는 하나도 남김없이 불에

타서 사라지고 말았다. 소돔과 고모라가 불로 태워졌다는 것은 그 성에 존재하는 가시적인 것들 뿐만 아니라 사람들이 소중하게 생각했던 물질, 가치관과 문화, 그리고 풍기들의 동반 소멸을 의미한다. 하나님께서는 하나님의 뜻에 반하여 살아가는 그곳을 다 태워서 그곳에 새로운 세계, 새로운 가치를 심고자 하셨다.

4. 롯의 아내는 왜 소금 기둥이 되었나요? (창 19:26)

뒤를 돌아보았으므로

천사는 롯에게 소돔에서 도망칠 때, 돌아보거나 머물지 말라고 명령하였다. 돌아보거나 머무는 것은 옛 것과 세상의 것에 대한 미련을 의미하는 것이기 때문이다.(사진 자료) 롯의 아내는 버려두고 온 삶의 터전과 그간 일구어 온 물질들에 대해 미련을 버리지 못했다. 그녀가 하나도 남음 없이 다 타버릴 것들에 미련을 버리지 못한 이유는 그녀에게 있어서 그것들이 소중한 가치를 지녔기 때문이다. 뒤를 돌아보지 말라는 경고에도 불구하고 뒤를 돌아볼 수밖에 없을 만큼 세상의 가치에 묶여있던 그녀는 결국 소금 기둥이 되고 말았다.

5. 아침에 아브라함이 본 것은 무엇입니까? (창 19:27-28)

연기가 옹기점 연기같이 치밀어 오름

소돔과 고모라의 사람들은 한밤중에 그들의 인생과 그들이 귀중하게 생각하던 모든 것들을 잃어버리는 심판을 받았다. 아침이 되어 소돔이 있던 곳을 바라본 아브라함은 더 이상 그 곳에 아무것도 존재하지 않고 그저 그 퇴폐한 삶들이 연기로 사라지는 것을 보았다. 결국 우리 기독교인은 우리가 귀중하게 생각하는 세상의 것들과 함께 멸망하는 자리에 있지 말아야 한다. 우리가 서 있어야 하는 곳은 하나님 앞이다. 그곳은 멸망하는 세상을 바라볼 수 있는 자리이다. 방금 전까지 우리를 유혹하고 우리로 하여금 하나님을 믿는 신앙의 자리에 서 있지 못하게 만든 세속적인 것들이 하나님의 심판 앞에 무릎을 꿇고 종국에는 모두 사라진다는 것을 바라볼 수 있는 자리, 그곳이야말로 우리 기독교인들이 서 있어야 하는 자리이다.

반성하기 — 포기해야 할 것들

1. 기독교인으로서 반드시 버려야 할 가치는 무엇일까요?

세상 속에서 귀하게 여기던 것과 세상적인 가치에 대한 미련

세상의 가치관, 특별히 물질에 대한 미련에 묶여서 기독교인다운 삶을 살지 못하는 경우가 많다. 롯의 아내의 이야기는 단순히 옛날의 이야기가 아니다. 이 이야기가 바로 나 자신의 이야기일 수도 있다. 우리는 지금이라도 임할 수 있는 하나님의 심판과 종말을 두렵고 떨리는 마음으로 마주하여 서 있어야 한다. 그리고 지금 내가 가지고 있는 어떤 것으로 인하여 내가 마땅히 가야할 구원의 길이 막혀 있는 것은 아닌지 경각심을 가지고 돌아보아야 한다.

2. 눈에 보이는 세상적 가치관을 바탕으로 소돔과 고모라를 선택한 롯과 눈에 보이지 않는 하나님의 약속을 따라 산 아브라함의 삶은 어떻게 달라졌나요?

롯과 그의 가족의 삶은 소돔과 고모라와 함께 끝이 나고, 아브라함은 약속의 땅 가나안에서 축복을 누림

성경은 소돔과 고모라의 멸망 이후 롯의 삶이 아브라함의 것과 전혀 다른 궤적으로 흘러가고 있음을 말한다. 소돔과 고모라의 멸망 이후 롯은 아내를 잃고 두 딸과 함께 동굴에서 칩거하는 구차한 삶을 살게 된다. 게다가 롯은 두 딸과 동침하여 후사를 잇는 슬픈 가족사마저 떠안게 된다. 이 모든 불행의 출발은 바로 그의 소돔행이었다. 그는 소돔으로 이사함으로써 결국 하나님보다 자신이 사랑하는 세상적인 것들에 더 의지하는 삶을 시작하였다. 다행히 하나님께서 아브라함의 간청에 따라 롯을 구해주셨지만 이후 롯의 삶은 아브라함의 축복의 범위에서 벗어나는 것이었다. 결국 롯의 삶은 하나님이 주시는 축복의 삶이 아니라, 세상 가운데에서의 고난의 삶이었다고 볼 수 있다.

3. 기독교인으로서 버려야 할 것들에 어떤 것들이 있는지 성경의 말씀을 통해 살펴봅시다. 아래의 성경구절들을 찾아서 빈칸을 채워봅시다.

엡 2:3
전에는 우리도 다 그 가운데서 우리 (육체의 욕심)을 따라 지내며 (육체와 마음의 원하는 것)을 하여 다른 이들과 같이 본질상 (진노의 자녀)이었더니

요일 2:16
이는 세상에 있는 모든 것이 (육신의 정욕)과 (안목의 정욕)과 (이생의 자랑)이니 다 아버지께로부터 온 것이 아니요 세상으로부터 온 것이라

마 6:24
한 사람이 (두 주인)을 섬기지 못할 것이니 혹 이를 미워하고 저를 사랑하거나 혹 이를 중히 여기고 저를 경히 여김이라 너희가 (하나님)과 (재물)을 겸하여 섬기지 못하느니라

성경은 기본적으로 기독교인의 삶에 두 주인이 있을 수 없음을 말한다. 비록 우리 기독교인들이 세상 가운데서 살아가고 있더라도 기독교인의 삶의 주인은 바로 하나님이시다. 기독교인의 삶은 오직 하나님께서 가르치시는 그 뜻대로 살아가는 삶이어야 한다. 이제 하나님과 하나님의 뜻에 따라 살아가는 기독교인은 그 삶의 온전함을 위하여 위의 말씀들이 제안하는 것들을 버려야 한다.

위의 말씀에서 우리가 버려야 할 것은 크게 두 가지로 요약할 수 있다. 첫째는 세상적인 가치이다. 성경은 사탄의 지배를 받는 세상의 가치와 그 가치들이 만들어내는 것들을 버리라고 말한다. 둘째, 자기 욕심이다. 성경은 세상의 가치에 지배당한 사람이 살아가는 삶의 방식을 육적인 것이라고 말한다. 세상적인 것을 따르는 자가 살아가는 삶의 양식으로서 육적인 것이란 기본적으로 자기중심적인 것을 말한다. 세상적인 것과 그 삶의 양식으로서 육적인 것에 대해 좀 더 많은 이야기를 나누도록 하자. 그래서 보다 실제적인 차원에서 기독교인들이 버리고 포기해야 할 세상적인 것, 혹은 육적인 것이 무엇인지 구체적으로 나누도록 하자.

내가 포기해야 할 세상의 가치들

1. 내가 주님을 올바르게 따르기 위해 포기해야 할 습관이나 세상적 가치관이 있다면 무엇인가요? 그것을 왜 포기하지 못하고 있나요? 만약 그것들을 포기한다면 어떤 일들이 일어나게 될까요?

   – 잘못된 방법으로 모은 돈 : 생활의 많은 부분에서 불편을 겪게 될 것이다.

   – 건전하지 못한 접대 문화 : 당장은 사업을 하는 데 어려움을 겪게 될지도 모른다.

   – 텔레비전 드라마나 연예인에 대한 지나친 관심 : 당장은 일상이 심심해지고 이야기 소재가 사라진다.

세상적 가치관을 포기하기 위해서는 그 가치관보다 더 소중한 것이 있음을 깨닫고 그것이 무엇인지 발견해야 한다. 하나님을 믿는 일은 참으로 중요한 가치이다. 땅에 묻혀 있는 보화를 사기 위해 모든 것을 팔듯이 가장 귀한 것으로서 구원을 이루기 위해 우리는 마땅히 세상의 헛된 가치들을 기꺼이 포기해야 할 것이다. 돈, 명예, 학벌, 권력 등은 세상을 살아가면서 필요에 따라 얻을 수도 있다. 그리고 그것을 통해서 선한 일을 할 수도 있다. 그러나 우리는 그것 자체가 목적이 될 수는 없다는 것을 깨달아야 한다.

2. 참된 기독교인으로 살기 위해 과감히 포기해야 할 것들을 결단합시다. 이 사실을 주변의 사람들에게 알리고 서로 격려하며 중보기도를 하도록 합시다.

각자의 결단을 나누고 서로를 위해 중보기도를 한다.

선한 결단을 행동으로 옮기고 그것을 실천하기 위해서는 주변의 도움이 절대적으로 필요하다. 정말 절박한 심정으로 내가 세상적 가치관을 버리기 원한다면, 그와 관련된 유혹까지도 이겨내야 한다. 이를 위해 도움을 구하는 것은 내가 약해서가 아니라, 그 유혹이 너무 강하기 때문이다. 선한 결심이 좋은 결과를 얻을 수 있도록 서로 관심을 갖고 격려하며 신앙으로 이겨나가자.

내가 그리스도와 함께 십자가에 못 박혔나니 그런즉 이제는 내가 사는 것이 아니요 오직 내 안에 그리스도께서 사시는 것이라 이제 내가 육체 가운데 사는 것은 나를 사랑하사 나를 위하여 자기 자신을 버리신 하나님의 아들을 믿는 믿음 안에서 사는 것이라 (갈 2:20)

결단의 기도

내가 포기하지 못하는 세상적 가치들을 분토와 같이 여길 수 있는 마음을 주시고, 그 마음으로 주님을 좇게 하소서. 아멘.

평신도 양육교재
평가하기

평가항목	세부사항	그렇다	그저 그렇다	아니다
인도자의 준비도	인도자는 본 과의 교육목적을 이루기 위해 충분히 준비했습니까?			
교육목표의 성취도	학습자들이 스스로 포기하지 못하는 세상적 가치관이 무엇인지 살피고, 그것들을 어떻게 포기할 것인지를 결단하였습니까?			
학습자의 참여도	학습자들이 진지하고 적극적인 태도로 성경공부에 임했습니까?			
성경공부의 분위기	성경공부를 하는 동안 학습자들이 편안한 분위기를 느낄 수 있었습니까?			
기타 보완할 점	기타 보완할 점이나 건의사항이 있습니까?			

5

변화된 삶

교육주제 변화된 삶 고백하기
배울말씀 사도행전 9장 1–22절
도울말씀 롬 12:2, 엡 4:17–24, 롬 6:1–11
새길말씀 그런즉 누구든지 그리스도 안에 있으면 새로운 피조물이라 이전 것은 지나갔으니
보라 새 것이 되었도다 (고후 5:17)

이룰 목표

① 그리스도를 믿지 않았을 때의 자신의 모습과 그리스도를 주로 영접한 후의 모습을
비교하고 그 차이를 발견한다.
② 성령 세례와 성령 충만의 은혜를 통해 새생명으로 거듭날 수 있음을 깨닫는다.
③ 성령 충만의 은혜로 변화된 삶을 고백한다.

교육흐름표

20 min	20 min	20 min	60 min
관심	기억	반성	응답

교육진행표

구분	관심갖기	기억하기	반성하기	응답하기
제목	같지만 다른 길	사울의 변화	변화된 증거, 삶	변화된 삶 고백하기
내용	내가 달라지면 세상이 다르게 보인다.	사울은 예수님을 만나고 전도자가 되었다.	영적 변화의 증거로 삶이 변화된 사람들	예수님을 믿기 전과 후의 삶의 변화 고백하기
방법	예화 읽고 이야기하기	성경 찾아 답하기	성경 찾아 답하기	자신의 삶을 돌아보고 고백하기
준비물	가데스 바네아, 다메섹 사진	성경책 다소, 에덴 사진	성경책	
시간	20분	20분	20분	60분

　　예수 그리스도를 믿는 사람과 믿지 않는 사람의 삶은 확실하게 구분된다. 기독교인이라고 하면서도 믿기 전과 믿은 후의 삶의 다른 점을 말하지 못한다면, 그 사람은 진정으로 변화된 사람이 아닐 수 있다. 예수 그리스도를 믿고 얻는 변화를 경험하지 못한 사람이 기독교인인 척하며 살아가는 것은 어쩌면 커다란 고통이 될 수 있다. 이뿐이 아니다. 그리스도로 말미암아 변화를 경험한 기독교인이 이전의 삶의 방식을 버리지 못하고 전과 다름없이 몸과 마음이 원하는 대로만 살아간다면, 그것 역시 주님께서 주시는 거룩한 부담감으로 인해 힘든 삶이 될 것이다. "오호라 나는 곤고한 사람이로다. 누가 나를 이 사망의 음침한 골짜기에서 건져내랴."라고 한탄했던 바울의 탄식이 매일 반복될 것이기 때문이다.

1. 변화 이전과 변화 이후

　　사람이 자신이 가지고 있던 가치관이 변화되는 것을 경험하면, 그 이후의 세상은 완전히 다른 세상이 된다. 동일한 사물을 두고서도 변화 이전에 말하는 것과 변화 이후에 말하는 것이 완전히 다르다. "위대한 사람은 다른 사람이 보지 못하는 특별한 것을 보는 사람이 아니라, 같은 것을 보면서도 다르게 보는 사람이다."는 말은 참으로 적절한 표현이다.

　　이스라엘의 열두 정탐꾼들이 가데스 바네아(사진 자료)에서 가나안을 정탐하고 난 후에 보고하는 내용을 보면, 여호수아와 갈렙을 제외한 열 명의 정탐꾼들은 여호수아와 갈렙과 너무도 다른 보고를 하고 있다. 그들은 같은 가나안을 보고 와서 "우리는 그들 보기에 메뚜기에 불과합니다."라고 보고하였다. 그러나 여호수아와 갈렙은 "그들이 우리의 밥입니다."라고 보고하였다. 열 명의 정탐꾼들은 세상적인 가치관으로 가나안을 보았지만 여호수아와 갈렙은 하나님의 약속을 마음에 두고 가나안을 보았기 때문이다. 이는 마치 기독교인의 믿음으로 변화하기 전과 믿음으로 변화한 이후의 모습과 같다.

2. 변화의 방법

살다보면 가치관이 변화할 때가 있다. 우리는 어떠한 충격적인 사건이나 말을 통해서 내면의 정신세계에 변화가 생기고 그것이 행동을 통해서 나타나는 것을 경험하게 된다. 텔레비전 드라마에서 흔히 보듯 가난하게만 살던 어떤 청년이 부자 친구를 만나 도저히 상상할 수 없는 풍요의 세계를 경험하고 나서 돈에 대한 가치관이 바뀌게 되고, 결국 돈 때문에 망하게 되는 경우처럼 말이다. 이처럼 급격한 변화를 경험한 후 인간성이 바뀌고, 생각과 추구하는 목적이 달라지는 경우는 얼마든지 있다.

예수님을 믿어 참다운 기독교인이 되는 변화는 그동안 경험하지 못했던 영적인 세계를 경험하면서 이루어진다. 성령이 강력하게 역사하면 신앙이라는 것에 대해 새롭게 인식하게 되고, 영의 세계를 열망하게 된다. 결국에는 성령 충만을 받아 옛사람이 죽고 새사람으로 거듭나게 되는 전 인격 변화를 겸험하게 된다.

3. 신앙의 가치관과 생활이 일치하는 삶

기독교인으로의 변화에는 나름의 명확한 증거가 있다. 삶의 목적과 태도가 바뀌는 것이다. 이러한 변화의 밑바닥에는 '나는 예수 그리스도의 제자'라는 가치관의 변화가 있다. 그 가치관이 이전과 다르게 사물을 보게 하고, 생각하게 하고, 말하게 하고, 행동하게 만든다. 이런 삶의 변화가 없다면 '기독교인이 되었다'는 변화는 불완전한 것이다. 성령의 충만한 역사에도 불구하고 변화된 삶을 살지 못한다면, 오히려 영적 가치관과 세상의 삶이 서로 얽혀 더욱 곤고하고 힘든 삶을 살게 될 수도 있다. 그러나 예수 그리스도의 은혜를 체험하고 그에 합당한 변화된 삶을 살아간다면, 그 과정에서 여러 가지 어려움과 고난을 겪을 수도 있겠지만, 궁극적으로는 성령의 인도하심과 도우심을 맛보게 될 것이고, 그로 인해 신앙적 가치관과 일상의 삶이 일치하는 자유와 기쁨을 맛보게 될 것이다.

바울은 로마의 갈릴기아 지방 다소에서 태어난 자유민이었다. 그의 부모는 베냐민 지파에 소속된 정통 유대인으로서 로마에 이주하여 살았다. 그는 어릴 적에 다소(사진 자료)와 에덴(사진 자료)에서 교육을 받았고, 신학과 유대 율법을 배우기 위하여 예루살렘으로 이주해서 가말리엘의 문하생이 되었다. 당시 학자가 되고자 했던 많은 유대 젊은이들이 천막 짜는 기술을 배워서 학비와 생활비를 조달하곤 했다. 그는 사회적으로 많은 것들을 이루고 가졌는데, 유독 기독교에 대해서는 심한 적대감을 가지고 있었다. 그는 기독교인들을 핍박하는 일에 열정을 불태웠고 급기야 다메섹(사진 자료)으로 원정을 가면서까지 기독교인들을 잡아들이려고 했다. 스데반의 순교 이후 예루살렘 교회의 더 많은 믿는 자들이 온 유대로 퍼져 나가 각 지역의 회당을 중심으로 모여 그리스도의 도를 전했기 때문이다.

그러던 중 바울은 다메섹에서 영적 경험을 한 후 완전히 변했다. 기독교를 핍박하던 그의 열정은 무지에서 온 것이었다. 따라서 그가 참된 진리를 깨닫게 되자, 곧 그의 열정은 진리를 전파하는 데로 쏠리게 되었다. 하나님은 바울의 이 열정을 복음 전하는 일에 사용하시기 위하여 그에게 아주 특별한 영적 경험을 하게 하심으로 그를 변화시키셨다.

용어, 지명 해설

· 다메섹 : 현재 시리아의 수도 다마스쿠스(Damascus)로서, 본래 구약성경에 나타나는 아람의 수도였다. 주전 732년 앗시리아 제국에 의해 멸망당했고, 주전 64년부터는 로마제국의 지배하에 있게 되었다. 예루살렘과 240km나 떨어져 있었지만, 오래 전 아브라함 때부터 이스라엘과 관계를 맺어온 까닭에 많은 유대인들이 그곳에 살고 있었다. 주후 66년 네로 황제의 대 박해 때에 다마스쿠스에서 학살당한 유대인의 숫자가 1만5백 명으로 추정되는 것으로 보아 상당히 많은 유대인들이 살고 있었음을 능히 짐작할 수 있다.

평신도 양육교재

관심갖기

같지만 다른 길

매일 아침, 같은 길을 산책하는 한 시인이 있었습니다.

그 시인은 자신의 시에서 "나는 매일 이 길을 걷지만 한 번도 같은 길을 지난 적은 없다."라고 노래했습니다.

남들이 보기에 변화할 것 없는, 항상 같을 것 같은 아침 산책이었지만,

그 시인은 다른 사람들이 보지 못한 변화를 보았던 것입니다.

이 시인은 어떤 변화를 보았던 것일까요?

먼저, 길 자체가 만드는 변화를 보았습니다. 길은 사시사철 그 계절에 따라 변신합니다. 길 옆의 잡초와 들꽃들이 그 변신을 돕습니다. 가끔은 사람들이 꼬불꼬불하던 길을 곧게, 또는 곧은 길을 꼬불꼬불하게 길의 모양을 변하게 합니다.

둘째, 길이 놓인 환경이 변화하였습니다. 길이 놓인 주변은 아침, 점심, 저녁, 시시때때로 각기 다양한 색채로 변신합니다. 눈이 올 때, 비가 올 때, 바람 불 때, 안개 자욱할 때, 이슬을 가득 머금었을 때, 아침햇살이 비칠 때, 석양에 물들었을 때, 신이 나서 변화했습니다.

셋째, 길을 가는 시인의 마음이 변화를 만들었습니다. 시인의 마음이 기쁠 때, 슬플 때, 외로울 때, 행복할 때 길이 달라 보이고, 연인과 함께 거닐 때와 혼자서 고적한 걸음으로 걸을 때와 여러 친구들과 수다를 떨며 걷는 길이 모두 달랐습니다.

마지막으로, 길을 가는 시인의 가치관, 관점 등이 길을 변하게 만들었습니다. 길에 대해 무관심했거나, 특별히 작은 것에라도 관심을 기울였을 때, 또는 매사를 부정적으로 보거나 반대로 매사를 긍정적으로 보는 태도 등에 따라 길이 주는 의미에 변화가 생겼습니다.

그래서 시인은 매일 아침, 같은 길을 산책했지만 그때마다 다른 길을 보았던 것입니다.

1. 세상이 진짜로 변해서 그 세상이 달라 보이는 것과 세상을 바라보는 내가 변해서 세상이 달라 보이는 것, 이 둘에는 어떤 차이가 있을까요?

세상이 진짜로 변해서 달라져 보이는 것은 누구나가 볼 수 있는 변화지만, 내가 변화해서 달라 보이는 세상은 나만이 볼 수 있는 세상이다. 변화된 세상을 볼 수도 있고, 내가 변화되어서 달라 보이는 세상을 대할 수 있다면 우리의 삶이 더욱 풍성해질 것이다.

세상이 변해서 그 세상의 달라진 모습을 보는 것을 '인지'라고 한다면, 자신이 변해서 세상이 다르게 보이게 된 것은 '가치관의 변화'라 할 수 있다. 세상의 변화를 바로 인지하는 것도 중요하지만, 자신의 가치관의 변화를 통하여 세상을 다르게 보는 눈을 갖는 것이 인간에게 더욱 중요한 요소이다. 잘못된 가치관을 가지고 세상과 사람을 보면서 저지르는 잘못이 얼마나 많은가?

2. 위대한 사람은 남들이 보지 못하는 특별한 어떤 것을 보는 눈을 가진 사람이 아니라, 남들과 같은 것을 보면서도 다르게 보는 눈을 가진 사람이라 할 수 있습니다. 나는 어떻습니까?

각자의 이야기를 들어본다.

세상에는 사람들이 보지 못하고 알지 못하는 세계가 너무도 많이 있다. 얼마나 많은지 모른다. 물질세계와 정신세계와 영적 세계를 총망라하여 생각하면, 다른 사람이 보지 못하는 세계를 보는 것이 얼마나 귀하고 가슴 벅찬 일인지 모른다. 그러나 그에 못지 않게 같은 것을 보면서 다르게 보는 눈을 가진다는 것 또한 얼마나 감격스럽고 소중한 일인지 모른다. 특히 물질세계를 영적 눈으로 보고 정신세계를 영적 눈으로 보고 영적 세계를 육체적인 눈이 아닌 영적인 눈으로 보면, 이 모든 세계를 향하신 하나님의 뜻을 알게 되는 축복을 누리게 된다면, 이 얼마나 가슴 벅찬 일인가?

평신도 양육교재

기억하기

사울의 변화

배울말씀을 잘 읽고 아래의 질문에 답해 보십시오.

1. 사울은 본래 기독교인들에 대해서 어떤 사람이었나요? (행 9:1-2)

> 위협과 살기가 등등한 사람, 예수의 도를 좇는 자마다 결박하여 예루살렘으로 잡아
> 오려던 사람

> 본래 사울이었던 바울은 로마의 길리기아 지방 다소에서 태어난 유대인 로마시민
> 이었다. 그의 부모는 베냐민 지파에 소속된 정통파 유대인으로서 지금의 터키 지
> 역에 이주하여 살았다. 바울은 어릴 적에 다소와 에덴(사진 자료)에서 교육을 받았
> 고, 신학과 유대 율법을 배우기 위하여 예루살렘으로 이주해서 당대 최고의 교사
> 였던 가말리엘의 문하생이 되었다. 그는 사회적으로는 많은 것들을 이루고 가졌
> 지만, 유독 예수 그리스도를 믿는 기독교에 대해서는 적대감을 가지고 있었다. 그
> 는 기독교인들을 핍박하는 일에 열정을 쏟았고 급기야 다메섹에 원정을 하면서까
> 지 기독교인들을 잡아들이려고 했다.

2. 기독교인들을 잡으러 다메섹으로 가던 중, 사울에게 어떤 일이 일어났나요?
   빈칸에 적절한 단어를 채워봅시다. (행 9:3-8)

   - 홀연히 (하늘로부터 빛)이 그를 둘러 비추는지라
   - 빛 가운데서 (사울아 사울아 네가 어찌하여 나를 박해하느냐) 하시는 예수님의
     음성을 들음
   - 사울은 땅에서 일어나 (아무도 보지 못하여 말을 못하고 서 있더라)

사울은 그동안 전혀 경험해보지 못한 영적 체험을 하게 된다. 이러한 영적인 체험 전에 사울은 자기의 판단이나 이성에 기초한 종교적 열정에 사로잡혀서 그리스도 인들을 보았고, 예수님을 믿는 기독교인들을 핍박하는 일을 하나님께 충성하는 일 로 생각했다.

3. 다메섹 경험을 통하여 사울은 어떻게 변했나요? (행 9:19~22)

1) 다메섹의 회당에서 (예수가 하나님의 아들이심)을 전파하니
2) 예수를 그리스도라 증언하여 다메섹에 사는 (유대인들을 당혹하게 하니라)

다메섹의 영적 체험이 그를 영적 사람으로 변화시켰다. 결국 그의 잘못된 열정과 충성심을 버리지 않고 그대로 방향만 바꾸어서 사용하시고자 하신 주님의 뜻이 그 대로 이루어지게 되었다.

평신도 양육교재
반성하기

변화된 증거, 삶

1. 하늘로부터 비친 빛은 영적인 빛이라, 사울이 눈을 떴지만 아무것도 보지 못했 습니다. 사울이 다시 보기 위해서 벗겨져야 할 것은 무엇이었나요? (행 9:18)

눈에서 비늘 같은 것

눈에서 '비늘 같은 것'이 벗겨져서 다시 보게 되었다는 것은 육신적인 눈이 영적인 눈으로 바뀌게 되었다는 의미로 해석할 수 있다. 삭개오가 예수님을 만난 이후에 그동안 보이지 않던 가난한 자들과 그들을 대상으로 토색하는 자신의 모습을 볼 수 있게 되었던 것처럼, 바울의 세상을 보는 눈이 달라진 것이다.

2. 사울은 다시 보게 된 이후 '즉시' 변화되었습니다. 이 변화는 어떤 변화였나요?
(행 9:20)

예수님을 (핍박하던) 자에서 예수님을 (전파하는) 자로의 변화

사울의 열정은 변함이 없었다. 다만 그 방향이 바뀌었을 뿐이다. 핍박하던 열정 그대로 복음을 전하는 데 열정을 보였다. 예수님께서는 이 열정을 보시고 사울을 '주의 이름을 전할 그릇'으로 택하셨다. 예수님께서는 이런 열정이면 주님의 이름을 위하여 해를 받더라도 능히 이길 수 있다는 것을 아셨다.

3. 사울이 바울이 된 것과 같은 변화를 체험한 성경의 다른 인물들을 살펴봅시다.

창 17:5   아브람이 (아브라함)으로
요 1:42 / 마 16:18   시몬이 (게바-베드로)로
창 32:27-28   야곱이 (이스라엘)로

성경에 나오는 인물들의 이름에는 상당히 많은 의미가 담겨 있다. 이름이 바뀐다는 것은 그 사람의 운명이나 비전이 바뀐다는 것을 의미한다. 아브라함에는 '열국의 아비가 된다'는 의미가, 베드로에게는 '반석'이라는 의미가, 이스라엘에게는 '네가 하나님과 더불어 이겼다'라는 인생의 의미가 담겨있다.

예수께서는 변화를 통하여 철저하게 당신의 사람들을 세워 가신다. 한 사람의 변화를 통하여 세상이 변화된다. 기독교를 박해하던 사울 한 사람이 변화하여 예수님이 그리스도이심을 전파하는 바울로 변화되었고, 바울 한 사람을 통하여 이 땅의 열방이 하나님의 나라로 변하게 되었다. 이러한 변화는 성령 충만을 통해서 가능한 일이며, 이 변화는 사람의 가치관을 바꾸고 삶의 본질 곧 삶의 목표를 바꾸게 한다.

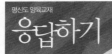

평신도 양육교재
응답하기

변화된 삶 고백하기

1. 예수님을 믿고 난 후 나의 삶에서 변화된 것이 있다면 무엇인가요?

각자의 경험을 나누어본다.

인도자는 학습자들이 자신의 신앙과 삶을 돌아볼 수 있도록 진지한 분위기를 만들어주자. 억지로 답을 유도하기보다는 솔직하고 편안하게 자신의 이야기를 나눌 수 있도록 안내하자. 그 변화가 사울의 경우처럼 꼭 극적이어야만 하는 것은 아니다. 특히 기독교 가정에서 자라나 점진적으로 신앙이 자란 기독교인일 경우에는 변화의 시점이 명확하지 않고 변화의 내용이 극명하지 않을 수도 있다. 명확한 변화의 시점, 혹은 극적인 변화의 내용보다 중요한 초점은 현재 기독교인으로서의 삶을 살고 있는가 하는 것이다. 따라서 사람을 대하는 태도, 세상을 바라보는 시각, 삶의 자세 등 기독교적 삶의 방식으로의 일상의 변화가 오히려 의미 있는 것임을 알려주도록 한다.

학습자들의 경험을 나눈 뒤, 모든 학습자들이 기독교인으로서 매일 새롭게 변화되어 자라가기를 소망하며 함께 기도하고 마친다.

새길말씀 외우기

그런즉 누구든지 그리스도 안에 있으면 새로운 피조물이라 이전 것은 지나 갔으니 보라 새 것이 되었도다 (고후 5:17)

결단의 기도

사울을 바울로 변화시키신 주님, 주님 안에서 저도 새로운 피조물이 되게 하소서. 나의 삶과 세상을 바라보는 시각이 바뀌게 하소서. 오직 예수님을 주로 따르는 삶을 살게 하소서. 매일 새롭게 변화되는 삶을 살게 하소서. 아멘.

평신도 양육교재
평가하기

평가항목	세부사항	그렇다	그저 그렇다	아니다
인도자의 준비도	인도자는 본 과의 교육목적을 이루기 위해 충분히 준비했습니까?			
교육목표의 성취도	1. 학습자들이 구원 받은 자로서 자신의 변화된 삶을 고백했습니까? 2. 학습자들이 기독교인으로 매일 새롭게 변화되기를 결단했습니까?			
학습자의 참여도	학습자들이 진지하고 적극적인 태도로 성경공부에 임했습니까?			
성경공부의 분위기	성경공부를 진행하는 동안의 분위기가 자연스럽고 편안했습니까?			
기타 보완할 점	기타 보완할 점이나 건의사항이 있습니까?			

MEMO

MEMO